LAS ENSALADAS DE ATÚN DEFINITIVAS

Eleve sus gustos con 100 creaciones excepcionales de ensalada de atún

Alejandro Lozano

Material con derechos de autor ©2024

Reservados todos los derechos

Ninguna parte de este libro puede usarse ni transmitirse de ninguna forma ni por ningún medio sin el debido consentimiento por escrito del editor y del propietario de los derechos de autor, excepto las breves citas utilizadas en una reseña. Este libro no debe considerarse un sustituto del asesoramiento médico, legal o de otro tipo profesional.

TABLA DE CONTENIDO

TABLA DE CONTENIDO 3
INTRODUCCIÓN 6
BOCADITOS Y SÁNDWICHES DE ENSALADA DE ATÚN 7
   1. Sándwich de ensalada de atún y tomates secos 8
   2. Ensalada de Atún con Galletas Saladas 10
   3. Sándwiches de ensalada de atún y pepino 12
   4. Ensalada De Atún Y Aguacate En Mini Pita Pockets 15
   5. Wraps de lechuga y ensalada de atún 17
   6. Ensalada ahumada de atún y garbanzos 19
   7. Sabe a sándwiches de ensalada de atún 21
   8. Barcos de ensalada de atún 23
   9. Sándwich De Ensalada De Atún Y Aceitunas 25
   10. Ensalada de Conchas y Atún 27
ENSALADERA DE ATÚN 29
   11. Tazones de sushi de atún y mango 30
   12. Kaisen (sashimi fresco en un plato de arroz) 32
   13. Sushi Bowl De Atún Con Aguacate 34
   14. Tazón de sushi de atún picante 37
   15. Tazón de sushi de atún picante deconstruido 39
   16. Tazones de sushi de atún braseado 41
   17. Sushi Bowl picante de atún y rábano 43
   18. Sushi Bowl de atún y sandía 45
ENSALADAS DE ATÚN AHI 47
   19. Ensalada De Atún Ahi 48
   20. Ensalada De Tataki De Atún Ahi Con Aderezo De Wasabi De Limón 50
   21. Ensalada de atún en capas encantadoras 52
ENSALADA DE ATÚN AZUL 54
   22. Ensalada de atún rojo braseado Niçoise 55
   23. Atún Rojo con Aceituna y Aderezo de Cilantro 57
   24. Ensalada mediterránea de atún rojo 59
ENSALADA DE FILETE DE ATÚN 61
   25. Ensalada Nicoise deconstruida 62
   26. Ensalada De Atún Y Frijoles Blancos 64
   27. Ensalada de atún al estragón a la parrilla 67
   28. Ensalada Nicoise de atún a la parrilla 69
   29. Ensalada De Lechuga De Hoja Y Atún A La Parrilla 71
   30. Filetes de atún a la pimienta con ensalada estilo coreano 73
   31. Ensalada de atún fresco braseado 75
ENSALADAS DE ATÚN ALBACORO EN CONSERVA 78
   32. Ensalada de piña, plátano y albacora 79

33. Ensalada de pasta con atún blanco 81
34. Ensalada de fideos con atún 83
35. Ensalada de atún Chow Mein 85
36. Ensalada Mostaccioli Nicoise 87
37. Ensalada de atún con fideos y pimiento 89
38. Ensalada De Atún Batido 91
39. Ensalada De Macarrones Con Atún 93
40. Ensalada desnuda de atún y guisantes 95
41. Ensalada Neptuno 97
42. Ensalada Cremosa De Atún Con Pimiento Morrón Y Tomate 99
43. Ensalada De Atún Olio Di Oliva 101
44. Ensalada De Tortellini De Atún 103
45. Ensalada de atún de la zona alta 105

OTRAS ENSALADAS DE ATÚN EN CONSERVA 107

46. Ensalada de tomates secos y atún 108
47. Ensalada italiana de atún 110
48. Ensalada asiática de atún 112
49. Ensalada romana de atún 114
Ensalada de atún 116
51. Preparación de comida para ensalada de atún 118
52. Ensalada de Kiwi y Atún 120
53. Ensalada De Atún Antipasto 122
54. Ensalada de atún con alcachofas y aceitunas maduras 124
55. Ensalada De Atún Y Macarrones En Anillo 126
56. Ensalada De Aguacate Con Atún 128
57. Ensalada De Atún Con Arroz Barcelona 130
58. Ensalada Fría de Pasta con Atún y Bowtie Mac 132
59. Ensalada de atún con frijoles negros 134
60. Ensalada De Arroz Integral Y Atún 136
61. Ensalada De Garbanzos Y Atún 138
62. Ensalada Picada De Atún 140
63. Ensalada Clásica Nicoise con Atún 142
64. Ensalada De Cuscús, Garbanzos Y Atún 144
65. Ensalada de atún, piña y mandarina 146
66. Ensalada De Atún Fresco Y Aceitunas 148
67. Ensalada De Atún, Aguacate, Champiñones Y Mango 150
68. Ensalada griega de remolacha y patatas 152
69. Ensalada de atún estilo griego 154
70. Ensalada de macarrones estilo hawaiano 156
71. Ensalada Saludable De Brócoli Y Atún 158
72. Ensalada mixta de frijoles y atún 160
73. Ensaladera de antipasto italiano 162
74. Ensalada japonesa de atún harusume 164
75. Ensalada De Atún Y Anchoas Nicoise 166

76. Sobras de ensalada de macarrones con almuerzo de atún 168
77. Ensalada de huevo cocido y atún 170
78. Ensalada mediterránea de antipasto de atún 172
79. Ensalada Mediterránea De Atún 174
80. Ensalada Nicoise cargada 176
81. Ensalada de atún con manzana, arándanos y huevo 178
82. Ensalada De Pasta Con Atún A La Plancha Y Tomates 180
83. Ensalada Penne Con Tres Hierbas, Alcaparras Y Atún 183
84. Ensalada de frijoles, arroz integral y atún 185
85. Ensalada De Patata Con Atún 187
86. Ensalada de atún a la antigua usanza 189
87. Ensalada de arroz con risotto con alcachofas, guisantes y atún 191
88. Ensalada de atún dulce y con nueces 193
89. Ensalada De Macarrones Con Atún 195
90. Ensalada de atún picante y tarta 197
91. Ensalada italiana de atún baja en grasas 199
92. Ensalada De Atún Y Espinacas 201
93. Ensalada de pasta con atún y pimientos 203
94. Ensalada De Atún Y Manzana 205
95. Ensalada de pasta con atún, aguacate y 4 frijoles 207
96. Ensalada De Atún Orzo 209
97. Ensalada De Atún, Tomate Y Aguacate 211
98. Ensalada Waldorf de Atún con Manzana 213
99. Ensalada De Atún Y Garbanzos Con Pesto 215
100. Ensalada de atún Ziti 217

CONCLUSIÓN **219**

INTRODUCCIÓN

Bienvenido a "LAS ENSALADAS DE ATÚN DEFINITIVAS", una recopilación de 100 creaciones excepcionales diseñadas para elevar tus gustos y redefinir la clásica ensalada de atún. Este libro de cocina es su guía para explorar la versatilidad, los sabores y la creatividad que se pueden infundir en este querido plato. Únase a nosotros en un viaje culinario que va más allá de lo común, transformando la ensalada de atún en una experiencia extraordinaria y deliciosa.

Imagine un mundo donde la ensalada de atún se convierte en un lienzo para el arte culinario, con una amplia gama de ingredientes, texturas y sabores a su disposición. "LAS ENSALADAS DE ATÚN DEFINITIVAS" no es sólo una colección de recetas; es una exploración de las posibilidades que surgen cuando se combina atún de alta calidad con ingredientes innovadores. Si eres un aficionado a la ensalada de atún o alguien que busca reinventar este plato clásico, estas recetas están diseñadas para inspirar la creatividad y satisfacer tus antojos culinarios.

Desde picantes toques mediterráneos hasta delicias de inspiración asiática, y desde abundantes tazones llenos de proteínas hasta refrescantes sensaciones veraniegas, cada receta es una celebración de las diversas formas en que se puede reinventar la ensalada de atún. Ya sea que esté planeando un almuerzo ligero, una cena vibrante o simplemente buscando un refrigerio satisfactorio, este libro de cocina es su recurso de referencia para llevar la ensalada de atún a nuevas alturas.

Únase a nosotros mientras redefinimos los límites de la ensalada de atún, donde cada creación es un testimonio de las infinitas posibilidades y deliciosas combinaciones que le esperan en su cocina. Entonces, reúne tu fresco
ingredientes, abrace su creatividad y embarquémonos en una aventura culinaria a través de "LAS ENSALADAS DE ATÚN DEFINITIVAS".

BOCADITOS Y SÁNDWICHES DE ENSALADA DE ATÚN

1. Sándwich de ensalada de atún y tomates secos

INGREDIENTES:
- 2 rebanadas de pan
- 1 lata de atún, escurrida
- 2 cucharadas de tomates secos picados
- 1 cucharada de mayonesa
- 1 cucharadita de mostaza Dijon
- Sal y pimienta para probar

INSTRUCCIONES:
a) Mezcle el atún, la mayonesa, la mostaza de Dijon, la sal y la pimienta en un tazón pequeño.
b) Agregue tomates secados al sol encima de una rebanada de pan.
c) Unte la mezcla de atún encima de los tomates secados al sol.
d) Cubra con la segunda rebanada de pan.

2. Ensalada de atún con galletas saladas

INGREDIENTES:
- lata de 7 onzas de atún
- 3 cucharadas de aceite de canola
- ¼ de taza de castañas de agua, picadas
- 1 1/2 cucharadas de cebolla morada, finamente picada
- 1/2 cucharadita de pimienta de limón
- 1/4 cucharadita de eneldo seco
- 16 galletas
- 2 hojas de lechuga de hoja verde, trituradas
- Eneldo fresco, para decorar

INSTRUCCIONES:
a) Coloque el atún en un tazón y triture hasta obtener trozos del tamaño deseado.
b) Agregue la mayonesa, las castañas, la cebolla, el limón, el pimiento y el eneldo y mezcle hasta que se combinen.
c) Coloque un trozo de lechuga encima de cada galleta y luego cubra con 1 cucharada de ensalada de atún.
d) Adorne con un trozo de eneldo fresco si lo desea. Atender.

3.Sándwiches de ensalada de atún y pepino

INGREDIENTES:
- 2 pepinos ingleses largos
- 1 cucharada de vinagre de vino tinto
- 1/4 de yogur natural
- 1/4 de eneldo picado
- 1/4 de hojas de apio
- 1 cucharada de aceite de oliva virgen extra
- Sal kosher
- Pimienta negra recién molida
- 2 cebollines en rodajas
- 2 cucharadas de mayonesa
- 1 tallo de apio en rodajas
- 1/2 cucharadita de ralladura de limón
- 2 latas de cinco onzas de atún claro, escurridas
- 1/2 taza de brotes de alfalfa

INSTRUCCIONES:

a) Prepara los pepinos. Tienes dos opciones para preparar los pepinos, que utilizaremos en lugar del pan para este sándwich de atún. Si está preparando sándwiches de aperitivo, simplemente debe pelar y luego cortar el pepino horizontalmente en rodajas de un cuarto de pulgada. Esta opción te dará una mayor cantidad de sándwiches de atún más pequeños. Alternativamente, si quieres hacer un sándwich de atún estilo secundario, puedes cortar los pepinos por la mitad a lo largo. Luego, saca las semillas y la pulpa para hacer barquitos, donde pondrás la mezcla de atún. Pincha un poco el interior con un tenedor, para que el pepino absorba más sabor.

b) Mezclar la vinagreta. En un bol mediano, bata la mostaza, el vinagre, la sal y la pimienta negra. Luego, agregue lentamente el aceite de oliva. Finalmente, vierte la vinagreta sobre el pepino.

c) Haz el relleno de atún. Empezamos escurriendo el atún. Enjuágalo bien con agua fría y luego déjalo a un lado. En un tazón pequeño, bata la mayonesa, el yogur, el eneldo, las hojas de apio, las cebolletas, el apio, la ralladura de limón, un cuarto de cucharadita de sal y una pizca de pimienta negra. Eche el atún en el bol y luego mezcle para combinar todos los ingredientes .

d) Arma los sándwiches. Si estás preparando la versión de aperitivo, coloca una cucharada de mezcla de atún y luego unos cuantos brotes encima de cada rodaja de pepino.

e) Luego, agrega otra rebanada encima para obtener un lindo sándwich.

f) Si estás haciendo el sándwich de atún estilo sub, llena los botes de pepino con la mezcla de atún y luego agrega los brotes. Agrega la otra mitad del pepino encima. ¡Comer y disfrutar!

4. Ensalada De Atún Y Aguacate En Mini Pita Pockets

INGREDIENTES:
- 1 lata de atún, escurrido
- 1 aguacate maduro, triturado
- ¼ taza de apio cortado en cubitos
- ¼ de taza de cebolla morada picada
- 1 cucharada de jugo de limón
- Sal y pimienta para probar
- Mini bolsitas de pita

INSTRUCCIONES:

a) En un tazón, combine el atún, el puré de aguacate, el apio picado, la cebolla morada picada, el jugo de limón, la sal y la pimienta.

b) Mezclar bien hasta que todos los ingredientes estén incorporados uniformemente.

c) Corta los mini bolsillos de pita por la mitad para crear bolsillos.

d) Rellena la ensalada de atún con aguacate en los mini bolsillos de pita.

e) Empaque la ensalada de atún con aguacate en mini bolsitas de pita en una lonchera.

5. Wraps de lechuga y ensalada de atún

INGREDIENTES:
- 2 latas de atún escurrido
- ¼ de taza de mayonesa apta para paleo
- 2 cucharadas de apio picado
- 2 cucharadas de cebolla morada picada
- 2 cucharaditas de mostaza Dijon
- Sal y pimienta para probar
- Hojas grandes de lechuga (p. ej., iceberg o romana)

INSTRUCCIONES:

a) En un tazón, combine el atún escurrido, la mayonesa paleo, el apio picado, la cebolla morada picada y la mostaza de Dijon.

b) Mezclar bien y sazonar con sal y pimienta al gusto.

c) Coloque las hojas de lechuga en forma de envoltura.

d) Rellena cada hoja con la mezcla de ensalada de atún.

e) Enrolla las hojas de lechuga para crear tus wraps.

6. Ensalada de atún con garbanzos ahumados

INGREDIENTES:
ATÚN DE GARBANZOS:
- 15 onzas de garbanzos cocidos enlatados o no
- 2-3 cucharadas de yogur natural no lácteo o mayonesa vegana
- 2 cucharaditas de mostaza Dijon
- 1/2 cucharaditas de comino molido
- 1/2 cucharaditas de pimentón ahumado
- 1 cucharadas de jugo de limón fresco
- 1 tallo de apio cortado en cubitos
- 2 cebolletas picadas
- Sal marina al gusto

MONTAJE DEL SÁNDWICH:
- 4 piezas de pan de centeno o pan de trigo germinado
- 1 taza de espinacas infantiles
- 1 aguacate en rodajas o en cubos
- Sal + pimienta

INSTRUCCIONES:
a) Prepara la ensalada de atún con garbanzos

b) En un procesador de alimentos, presione los garbanzos hasta que adquieran una textura gruesa y quebradiza. Coloque los garbanzos en un tazón mediano e incluya el resto de los ingredientes activos, revolviendo hasta que estén bien combinados. Sazona con abundante sal marina a tu gusto.

c) Haz tu sándwich

d) Coloque capas de espinacas tiernas en cada rebanada de pan; agregue varias colmadas de ensalada de atún con garbanzos, distribuyéndolas uniformemente. Cubra con rodajas de aguacate, un par de granos de sal marina y pimienta recién molida.

7. Sabe a sándwiches de ensalada de atún

INGREDIENTES:
- 1 1/2 tazas cocidas o 1 lata (15,5 onzas) de garbanzos, escurridos y enjuagados
- 2 costillas de apio, picadas
- 1/4 taza de cebolla picada
- 1 cucharadita de alcaparras, escurridas y picadas
- 1 taza de mayonesa vegana
- 2 cucharaditas de jugo de limón fresco
- 1 cucharadita de mostaza Dijon
- 1 cucharadita de polvo de algas
- 4 hojas de lechuga
- 4 rodajas de tomate maduro
- Sal y pimienta
- Pan

INSTRUCCIONES:

a) En un tazón mediano, triture los garbanzos en trozos grandes. Agrega el apio, la cebolla, las alcaparras, 1/2 taza de mayonesa, el jugo de limón, la mostaza y el polvo de algas. Sazone con sal y pimienta al gusto. Mezclar hasta que esté bien combinado. Cubra y refrigere por al menos 30 minutos para permitir que los sabores se mezclen.

b) Cuando esté listo para servir, unte el 1/4 taza de mayonesa restante en 1 lado de cada una de las rebanadas de pan. Coloque capas de lechuga y tomate sobre 4 de las rebanadas de pan y divida uniformemente la mezcla de garbanzos entre ellas. Cubra cada sándwich con la rebanada de pan restante, con la mayonesa hacia abajo, córtelo por la mitad y sirva.

8.Barcos de ensalada de atún

INGREDIENTES:
- 6 pepinillos encurtidos enteros o 2 pepinillos enteros grandes
- 5 onzas trozos de atún blanco
- ¼ taza de mayonesa
- ¼ de taza de cebolla morada picada
- 1 cucharaditas de azúcar o miel

INSTRUCCIONES:

a) Corta los pepinillos enteros por la mitad, de punta a punta, a lo largo. Con una cuchara o un cuchillo de cocina, corte o raspe el interior de cada lado del pepinillo para crear una forma de bote con la piel restante del pepinillo.

b) Pica el interior raspado y colócalo en un tazón. Con una toalla de papel, absorba el jugo sobrante de los pepinillos encurtidos y los trozos interiores picados.

c) Escurrir bien el atún y añadirlo al bol. Presione con un tenedor para picar trozos grandes. Agregue mayonesa, cebolla morada, pepinillo picado y azúcar o miel (opcional) y mezcle bien para formar la ensalada de atún.

d) Vierta la ensalada de atún en cada bote de pepinillos. Enfriar y servir o servir inmediatamente.

9. Sándwich De Ensalada De Atún Y Aceitunas

INGREDIENTES:
PARA ENSALADA DE ATÚN:
- 1/4 taza de mayonesa
- 2 cucharadas de jugo de limón fresco
- 2 latas (6 oz) de atún claro envasado en aceite de oliva, escurrido
- 1/2 taza de pimientos rojos asados embotellados, picados y escurridos
- 10 aceitunas Kalamata u otras aceitunas negras curadas en salmuera, sin hueso y cortadas a lo largo en tiras
- 1 costilla de apio grande, picada
- 2 cucharadas de cebolla morada finamente picada
- Pimientos pepperoncini (escurridos y picados) - opcional

PARA SÁNDWICH:
- 1 barra de pan (de 20 a 24 pulgadas)
- 2 cucharadas de aceite de oliva
- Lechuga de hoja verde (tu favorita)

INSTRUCCIONES:
HACER ENSALADA DE ATÚN:
a) Batir la mayonesa y el jugo de limón en un tazón grande.
b) Agregue los ingredientes restantes de la ensalada y revuelva suavemente. Condimentar con sal y pimienta.

MONTAR LOS SÁNDWICHES:
c) Corte la baguette en 4 longitudes iguales y parta cada pieza por la mitad horizontalmente.
d) Unte los lados cortados con aceite y sazone con sal y pimienta.
e) Prepare sándwiches con baguette, lechuga y ensalada de atún.

10.Ensalada De Conchas De Mar Con Atún

INGREDIENTES:
- 8 onzas de macarrones con cáscara, crudos
- 1 taza de zanahoria rallada
- 3/4 taza de pimiento verde cortado en cubitos
- 2/3 taza de apio en rodajas
- 1/2 taza de cebollas verdes picadas
- 1 lata de 6 1/8 onzas de atún en agua, escurrido y desmenuzado
- 1/4 taza más 2 cucharadas de yogur natural bajo en grasa
- 1/4 taza de mayonesa baja en calorías
- 1/4 cucharadita de semilla de apio
- 1/4 cucharadita de sal
- 1/4 cucharadita de pimienta
- Lechuga de hoja rizada

INSTRUCCIONES:
a) Cocine los macarrones según las instrucciones del paquete, omitiendo la sal y la grasa; drenar. Enjuagar con agua fría y escurrir bien.
b) Combine los macarrones, la zanahoria y los siguientes 4 ingredientes; revuelva suavemente.
c) Combine el yogur y los siguientes 4 ingredientes; revuelva bien. Agregue a la mezcla de pasta, revolviendo suavemente. Cubra y enfríe bien.
d) Para servir, vierta la mezcla de pasta en platos de ensalada cubiertos con lechuga.

ENSALADA DE ATÚN

11. Sushi Bowl de atún con mango

INGREDIENTES:
- 60 ml de salsa de soja (¼ de taza + 2 cucharadas)
- 30 ml de aceite vegetal (2 cucharadas)
- 15 ml de aceite de sésamo (1 cucharada)
- 30 ml de miel (2 cucharadas)
- 15 ml Sambal Oelek (1 cucharada, ver nota)
- 2 cucharaditas de jengibre fresco rallado (ver nota)
- 3 cebolletas, en rodajas finas (partes blanca y verde)
- 454 gramos de atún ahi apto para sushi (1 libra), cortado en trozos de ¼ o ½ pulgada
- 2 tazas de arroz para sushi, cocido según las instrucciones del paquete (sustitúyalo por cualquier otro arroz o grano)

INGREDIENTES OPCIONALES:
- aguacate en rodajas
- Rodajas de pepino
- edamame
- Jengibre en escabeche
- Dados de mango
- Patatas fritas o chips de wonton
- semillas de sésamo

INSTRUCCIONES:

a) En un tazón mediano, mezcle la salsa de soja, el aceite vegetal, el aceite de sésamo, la miel, el Sambal Oelek, el jengibre y las cebolletas.

b) Agrega el atún cortado en cubitos a la mezcla y revuelve. Deje marinar la mezcla en el refrigerador durante al menos 15 minutos o hasta 1 hora.

c) Para servir, coloque arroz para sushi en tazones, cubra con el atún marinado y agregue los aderezos que desee.

d) Habrá salsa extra para rociar sobre los aderezos; sírvelo a un lado.

12. Kaisen (sashimi fresco sobre un plato de arroz)

INGREDIENTES:
- 800 g (5 tazas) de arroz para sushi sazonado

ADORNOS
- 240 g (8½ oz) de salmón calidad sashimi
- 160 g (5½ oz) de atún calidad sashimi
- 100 g (3½ oz) de lubina calidad sashimi
- 100 g (3½ oz) de langostinos (camarones) cocidos
- 4 rábanos rojos, rallados
- 4 hojas de shiso
- 40 g (1½ oz) de huevas de salmón

SERVIR
- jengibre en escabeche
- pasta de wasabi
- salsa de soja

INSTRUCCIONES:
a) Cortar el filete de salmón en 16 rodajas y el atún y la lubina en 12 rodajas cada uno. Asegúrese de cortar a lo largo de la fibra para asegurarse de que el pescado esté tierno.

b) Para servir, divide el arroz de sushi en cuatro tazones individuales y aplana la superficie del arroz. Cubra con el salmón, el atún, la lubina y los langostinos (camarones), dispuestos en rodajas superpuestas.

c) Adorne con los rábanos rojos rallados, las hojas de shiso y las huevas de salmón.

d) Sirva con jengibre encurtido como limpiador del paladar y wasabi y salsa de soja al gusto.

13. Tazón De Sushi De Atún Con Aguacate

INGREDIENTES:
- 1 aguacate, pelado y sin hueso
- jugo recién exprimido de 1 lima
- 800 g (5 tazas) de arroz integral para sushi sazonado
- 1 chalota o cebolla morada, finamente picada y remojada en agua
- un puñado de hojas de ensalada mixta
- 2 cucharadas de chips de chalota (opcional)

ATÚN
- 1 cucharada de ajo rallado
- 1 cucharada de jengibre rallado
- 2 cucharadas de aceite vegetal
- 500 g (1 lb 2 oz) de filetes de atún calidad sashimi, sal marina y pimienta negra recién molida

VENDAJE
- 4 cucharadas de vinagre de arroz
- 4 cucharadas de salsa de soja ligera
- 4 cucharadas de mirín
- 4 cucharaditas de aceite de sésamo tostado
- jugo recién exprimido de 1 lima
- 1 cucharadita de azúcar
- una pizca de sal

INSTRUCCIONES:

a) Para preparar el atún, en un tazón pequeño mezcle el ajo, el jengibre y el aceite. Extiende esto por ambos lados de cada filete de atún y luego sazona con sal y pimienta.

b) Caliente una sartén a fuego alto y dore los filetes de atún durante 1 minuto por cada lado hasta que estén cocidos.

c) Deja que el atún se enfríe y luego córtalo en cubos de 2 cm (¾ de pulgada).

d) Para hacer el aderezo, combine todos los ingredientes.

e) Corta el aguacate en cubos grandes y luego exprime el jugo de lima para evitar que la pulpa se dore.

f) Coloque el arroz integral para sushi en tazones y cubra con los cubitos de atún, el aguacate, la chalota o la cebolla morada y las hojas mixtas. Vierta el aderezo por encima justo antes de servir. Cubra con chips de chalota, si los usa, para que queden más crujientes.

14.Tazón de sushi de atún picante

INGREDIENTES:
PARA EL ATÚN:
- 1/2 libra de atún apto para sushi, cortado en cubos de 1/2 pulgada
- 1/4 taza de cebollines en rodajas
- 2 cucharadas de salsa de soja reducida en sodio o tamari sin gluten
- 1 cucharadita de aceite de sésamo
- 1/2 cucharadita de sriracha

PARA LA MAYONESA PICANTE:
- 2 cucharadas de mayonesa ligera
- 2 cucharaditas de salsa sriracha

PARA EL CUENCO:
- 1 taza de arroz para sushi tradicional cocido de grano corto o arroz blanco para sushi
- 1 taza de pepinos, pelados y cortados en cubos de 1/2 pulgada
- 1/2 aguacate Hass mediano (3 onzas), rebanado
- 2 cebolletas, cortadas en rodajas para decorar
- 1 cucharadita de semillas de sésamo negro
- Tamari de soja reducido en sodio o sin gluten, para servir (opcional)
- Sriracha, para servir (opcional)

INSTRUCCIONES:
a) En un tazón pequeño, combine la mayonesa y la sriracha, diluyendo con un poco de agua para rociar.
b) En un tazón mediano, combine el atún con las cebolletas, la salsa de soja, el aceite de sésamo y la sriracha. Mezcle suavemente para combinar y reserve mientras prepara los tazones.
c) En dos tazones, coloque la mitad del arroz, la mitad del atún, el aguacate, el pepino y las cebolletas en capas.
d) Rocíe con mayonesa picante y espolvoree semillas de sésamo. Sirva con salsa de soja adicional a un lado, si lo desea.
e) ¡Disfruta de los sabores atrevidos y picantes de este delicioso tazón de sushi de atún picante!

15. Tazón de sushi de atún picante deconstruido

INGREDIENTES:
- 1 taza de arroz para sushi, cocido
- 1/2 taza de atún picante, picado
- 1/4 taza de frijoles edamame, cocidos al vapor
- 1/4 taza de rábanos, en rodajas finas
- Mayonesa de Sriracha para rociar
- Rodajas de aguacate para decorar
- Semillas de sésamo para cubrir

INSTRUCCIONES:
a) Extienda el arroz de sushi cocido en un bol.
b) Coloque encima el atún picante picado, los frijoles edamame al vapor y los rábanos en rodajas.
c) Rocíe mayonesa de Sriracha sobre el tazón.
d) Adorne con rodajas de aguacate y espolvoree semillas de sésamo.
e) ¡Disfruta del tazón de sushi de atún picante deconstruido!

16. Tazones de sushi de atún braseado

INGREDIENTES:
PARA EL CUENCO
- 1 libra de atún braseado Irresistibles y Tataki
- Arroz para sushi

PARA EL MARINADO
- ¼ de taza de cebolla dulce, en rodajas finas
- 1 cebolleta, cortada al bies (aproximadamente ¼ de taza) y más para decorar
- 2 dientes de ajo, picados
- 2 cucharaditas de semillas de sésamo negro, tostadas y más para decorar
- 2 cucharaditas de anacardos (tostados y sin sal), picados y tostados
- 1 chile rojo picado y más para decorar
- 3 cucharadas de salsa de soja
- 2 cucharadas de aceite de sésamo
- 2 cucharaditas de vinagre de arroz
- 1 cucharadita de jugo de lima
- 1 cucharada de sriracha y más para servir
- ¼ de cucharadita de sal marina
- ½ cucharadita de hojuelas de pimiento rojo (opcional)

OPCIONES DE ADORNO ADICIONALES
- Rodajas de pepino
- Rábanos en rodajas
- repollo en rodajas
- Copos de algas
- Aguacate Picado
- edamame

INSTRUCCIONES:
a) Combine todos los ingredientes de la marinada en un tazón grande y agregue las rodajas de atún chamuscadas y revuelva suavemente para cubrir.
b) Cubra y refrigere durante 10-30 minutos.
c) Retirar del refrigerador y servir sobre una cama de arroz blanco junto con las guarniciones que desee y un poco de salsa picante/sriracha como acompañamiento.

17. Tazón de sushi picante de atún y rábano

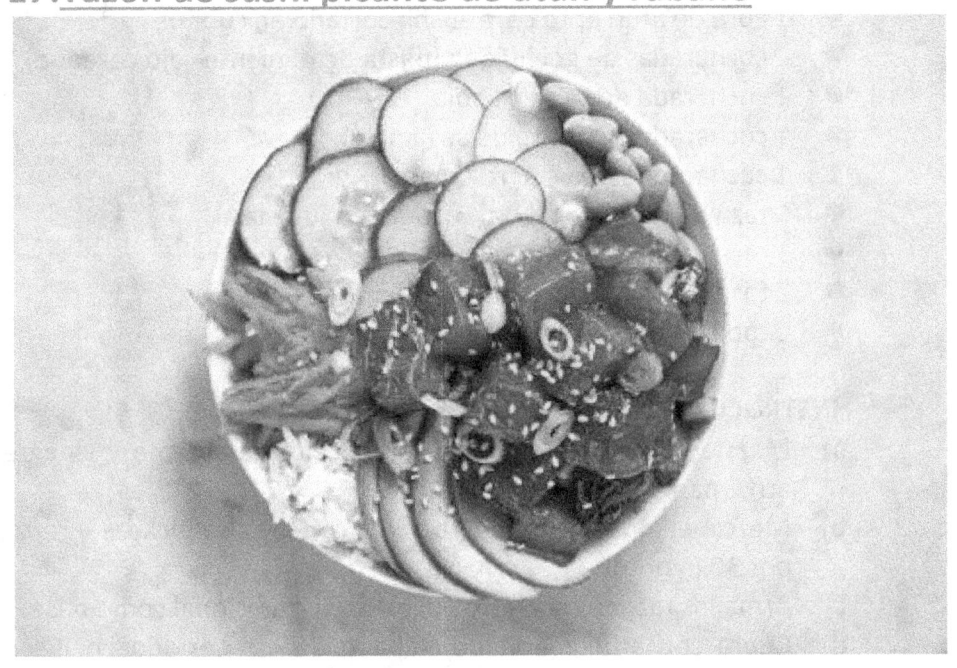

INGREDIENTES:
- 1 libra de atún apto para sushi, cortado en cubitos
- 2 cucharadas de gochujang (pasta de pimiento rojo coreano)
- 1 cucharada de salsa de soja
- 1 cucharada de aceite de sésamo
- 1 cucharadita de vinagre de arroz
- 1 taza de rábano daikon, cortado en juliana
- 1 taza de guisantes, rebanados
- 2 tazas de arroz para sushi tradicional, cocido
- Cebollas verdes para decorar

INSTRUCCIONES:
a) Mezcle gochujang, salsa de soja, aceite de sésamo y vinagre de arroz para hacer la salsa picante.
b) Mezcle el atún cortado en cubitos con la salsa picante y refrigere por 30 minutos.
c) Arma los tazones con arroz para sushi tradicional como base.
d) Cubra con atún marinado, rábano daikon cortado en juliana y guisantes en rodajas.
e) Adorne con cebollas verdes picadas y sirva.

18. Bowl de sushi de atún y sandía

INGREDIENTES:
- 1 libra de atún apto para sushi, en cubos
- 1/4 taza de aminoácidos de coco (o salsa de soja)
- 2 cucharadas de jugo de lima
- 1 cucharada de aceite de sésamo
- 2 tazas de sandía, cortada en cubitos
- 1 taza de pepino, rebanado
- 2 tazas de arroz para sushi tradicional, cocido
- Hojas de menta para decorar

INSTRUCCIONES:
a) Batir los aminoácidos de coco, el jugo de lima y el aceite de sésamo para la marinada.
b) Agregue el atún a la marinada y refrigere por 30 minutos.
c) Crea tazones con arroz de sushi tradicional cocido como base.
d) Cubra con atún marinado, sandía cortada en cubitos y pepino en rodajas.
e) Adorne con hojas de menta fresca y sirva.

ENSALADAS DE ATÚN AHI

19. Ensalada De Atún Ahi

INGREDIENTES:
- 1 filete de atún ahi, 6 onzas
- 2 cucharaditas de polvo de cinco especias
- 1 cucharadita de condimento para parrilla o sal y pimienta gruesa
- Aerosol para cocinar o aceite vegetal
- 5 onzas de lechugas tiernas prelavadas mixtas para ensalada
- 2 rábanos, rebanados
- 1/4 pepino europeo, en rodajas finas
- 1/2 cucharadita de pasta de wasabi
- 1 cucharada de vinagre de arroz
- 1 cucharada de salsa de soja
- 3 cucharadas de aceite de oliva virgen
- Sal y pimienta negra recién molida

INSTRUCCIONES:
a)   Cubra el filete de atún con cinco especias en polvo y condimento para parrilla.
b)   Dorar el atún por cada lado durante 2 minutos.
c)   Combine las verduras, los rábanos y el pepino en un tazón.
d)   Batir el wasabi, el vinagre y la salsa de soja en un tazón más pequeño; agrega aceite para hacer el aderezo.
e)   Rocíe el aderezo sobre la ensalada y revuelva para cubrir.
f)   Cortar el atún en rodajas y disponerlo sobre la ensalada.

20. Ensalada De Tataki De Atún Ahi Con Aderezo De Wasabi Y Limón

INGREDIENTES:
ADEREZO DE WASABI DE LIMÓN:
- 1 chalota pequeña, pelada y cortada en rodajas
- 1-2 cucharaditas de wasabi preparado
- 2 cucharadas de salsa de soja
- 2 cucharadas de jugo de limón fresco
- 1 cucharada de mirín
- 2 cucharadas de vinagre de arroz
- 1 cucharadita de jugo de yuzu
- Azúcar granulada, al gusto
- 4 cucharadas de aceite de canola

ATÚN:
- 12 onzas de atún ahi fresco, calidad sashimi
- 2 cucharaditas de ichimi togarashi (o hojuelas de pimiento rojo triturado)
- 1/2 cucharadita de sal rosa del Himalaya
- 1 cucharada de aceite de canola
- 1/2 taza de brotes de rábano daikon, para decorar

ENSALADA:
- 4 tazas de verduras asiáticas tiernas mixtas
- 1 taza de edamame sin cáscara congelado, descongelado
- 2 cucharadas de jengibre encurtido, cortado en juliana
- 1/2 pepino, pelado y cortado en bastones finos
- 1 tomate tradicional pequeño, cortado en gajos pequeños

INSTRUCCIONES:
a) Agrega todos los ingredientes del aderezo en una licuadora y mezcla hasta que quede suave.
b) Sazone las porciones de atún con togarashi y sal. Dorar el atún en aceite de canola y cortarlo en rodajas iguales.
c) Coloque las verduras en un tazón y sazone ligeramente con el aderezo.
d) Distribuya la ensalada en platos para servir, cubra con jengibre encurtido, edamame, pepino y tomate.
e) Coloque las rodajas de atún y rocíe con más aderezo. Adorna el atún con brotes de daikon.

21.Ensalada encantadora de atún en capas

INGREDIENTES:
- 2 horas de enfriamiento
- 1-1/2 libra de filetes de atún fresco, cortados de 1 pulgada de grosor
- 1 cucharada de aceite de oliva virgen extra
- 1-1/4 libra de papas Yukon Gold nuevas pequeñas, en rodajas finas
- 6 mazorcas de maíz dulce fresco
- 1 taza de cilantro fresco picado
- 12 cebollas verdes, en rodajas
- 1 chile jalapeño, sin semillas y en rodajas
- Aderezo de lima
- 1 pimiento rojo mediano, picado
- chile en polvo
- Gajos de lima (opcional)

ADEREZO DE LIMA:
- 1/3 taza de jugo de limón fresco
- 1/3 taza de aceite de oliva virgen extra
- 1 cucharadita de azúcar
- 1/2 cucharadita de sal

INSTRUCCIONES:
a) Unte el atún con aceite de oliva, espolvoree con sal y pimienta y luego cocine a la parrilla hasta que esté cocido.

b) Cocine las rodajas de papa hasta que estén tiernas. Cortar el maíz de la mazorca.

c) En un tazón pequeño, combine el cilantro, las cebolletas y el jalapeño; tapar y enfriar.

d) Prepare el aderezo de lima batiendo el jugo de lima, el aceite de oliva, el azúcar y la sal.

e) Rompe el atún en trozos y colócalo uniformemente en una fuente para horno. Rocíe con aderezo de lima.

f) Agregue las papas, el maíz y el aderezo restante. Espolvorear con sal y pimienta.

g) Cubra y enfríe durante 2-3 horas.

ENSALADA DE ATÚN AZUL

22.Ensalada De Atún Rojo Braseada Niçoise

INGREDIENTES:
ENSALADA
- 225 g de patatas rojas pequeñas
- 4 huevos grandes
- Un puñado grande de lechugas mixtas
- 400 g de atún rojo del sur Dinko
- 200 g de tomates cherry
- ½ taza de aceitunas niçoise
- Sal y pimienta

VENDAJE
- 1/3 taza de aceite de oliva
- 1/3 taza de vinagre de vino tinto
- 1 cucharada de mostaza Dijon

INSTRUCCIONES:
a) Coloque el aceite de oliva, el vinagre de vino tinto y la mostaza de Dijon en un frasco de vidrio y agite.
b) Coloque los huevos en una cacerola grande y cúbralos con agua. Una vez que el agua hierva, apague el fuego y déjela reposar durante 10 a 15 minutos. Cuela el agua de la cacerola, luego llénala con agua fría y déjala reposar.
c) Pele las patatas y córtelas en cuartos, colóquelas en una cacerola y luego cúbralas con agua. Llevar a ebullición, luego reducir el fuego y cocinar a fuego lento durante 12 minutos.
d) 4 Calienta una sartén grande de hierro fundido a fuego medio-alto y luego cubre ligeramente la sartén con aceite en aerosol.
e) Cubra los filetes de atún rojo del sur Dinko con sal y pimienta, luego coloque el atún en la sartén. Dorar el atún durante 2 minutos por cada lado. Reservar y dejar enfriar.
f) Retire los huevos del agua; pelar y cortar por la mitad a lo largo.
g) Corte los filetes de atún en rodajas finas a lo largo de la fibra.
h) En un tazón grande, combine los tomates, las aceitunas, la lechuga mixta y las papas. Mezclar suavemente.
i) Divida la mezcla de ensalada en cuatro platos; cubra con rodajas de atún y huevos.
j) Rocíe con aderezo y sirva.

23. Atún rojo con salsa de aceitunas y cilantro

INGREDIENTES:
- 1 libra de filete de atún rojo
- 3 pepinos Kirby
- 1/2 taza de aceitunas mixtas sin hueso, cortadas en dados de 1/4 de pulgada
- 1/4 taza de hojas de cilantro frescas envasadas
- 2 cucharadas de jugo de limón fresco, más rodajas de limón para servir
- 1/4 taza más 2 cucharadas de aceite de oliva extra virgen
- Sal gruesa y pimienta recién molida
- 2 cucharadas de mantequilla sin sal

INSTRUCCIONES:
a) Corte los pepinos por la mitad a lo largo, saque y deseche las semillas, luego corte los pepinos en dados de 1/4 de pulgada.
b) En un tazón pequeño, combine los pepinos, las aceitunas, el cilantro, el jugo de limón y 1/4 taza de aceite; Condimentar con sal y pimienta. Dejar de lado.
c) Sazone el filete de atún con sal y pimienta. Calienta una sartén grande y pesada (preferiblemente de hierro fundido) a fuego alto. Agrega 2 cucharadas de aceite; cuando empiece a brillar, agregue el filete de atún. Dorar 1 minuto, luego voltear y cocinar 30 segundos más.
d) Agregue 2 cucharadas de mantequilla, derrita y cocine 1 minuto más. Nota: nos gusta nuestro atún cocido poco hecho, si lo prefiere cocido a fuego medio, no dude en agregar un par de minutos a su tiempo de cocción.
e) Con un cuchillo afilado, corte el filete de atún al bies y sirva cubierto con salsa de aceitunas.

24. Ensalada mediterránea de atún rojo

INGREDIENTES:
- 1 libra de atún rojo fresco, apto para sushi
- 4 tazas de ensalada mixta de verduras (rúcula, espinacas y/o berros)
- 1 taza de tomates cherry, cortados por la mitad
- 1/2 pepino, rebanado
- 1/4 cebolla morada, en rodajas finas
- 1/4 taza de aceitunas Kalamata, sin hueso
- 2 cucharadas de alcaparras
- 1/4 taza de queso feta, desmenuzado
- 3 cucharadas de aceite de oliva virgen extra
- 2 cucharadas de vinagre de vino tinto
- 1 cucharadita de mostaza Dijon
- Sal y pimienta negra al gusto

INSTRUCCIONES:
a) Corta el atún rojo en cubos del tamaño de un bocado.
b) Sazona el atún con sal y pimienta.
c) Calienta una sartén o parrilla a fuego alto.
d) Dorar los cubos de atún durante 1-2 minutos por cada lado, manteniendo el centro crudo.
e) Retirar del fuego y dejar reposar unos minutos antes de cortar.
f) En un tazón grande, combine las verduras para ensalada, los tomates cherry, el pepino, la cebolla morada, las aceitunas y las alcaparras.
g) En un tazón pequeño, mezcle el aceite de oliva, el vinagre de vino tinto, la mostaza de Dijon, la sal y la pimienta.
h) Agrega el atún en rodajas a la ensalada.
i) Rocíe el aderezo sobre la ensalada y revuelva suavemente para combinar.
j) Espolvoree queso feta desmenuzado encima.
k) Servir inmediatamente.

ENSALADA DE FILETE DE ATÚN

25.Ensalada Nicoise deconstruida

INGREDIENTES:
- Filetes de atún: uno por persona, asados con aceite de oliva, sal y pimienta
- 2 patatas nuevas por persona
- 5-8 frijoles por persona
- 10 aceitunas por persona
- 1 huevo pasado por persona
- mayonesa de anchoa

INSTRUCCIONES:
a) Hervir las patatas y cortarlas en gajos.
b) Pelar los huevos pasados por agua.
c) Blanquear las judías.
d) Asa los filetes de atún.
e) Construir, terminando con los filetes de atún encima.
f) Rocíe con mayonesa de anchoas.

26. Ensalada De Atún Y Frijoles Blancos

INGREDIENTES:
- 2 latas (15 onzas) de cannellini o frijoles del norte, enjuagados y escurridos
- 3 tomates Roma grandes, sin semillas y picados (aproximadamente 1 1/2 tazas)
- 1/2 taza de hinojo picado, reserve las hojas
- 1/3 taza de cebolla morada picada
- 1/3 taza de pimiento morrón naranja o rojo
- 1 cucharada de hojas de hinojo cortadas
- 1/4 taza de aceite de oliva virgen extra (AOVE)
- 3 cucharadas de vinagre de vino blanco
- 2 cucharadas de jugo de limón
- 1/4 cucharadita de sal
- 1/4 cucharadita de pimienta
- 1 filete de atún (6 onzas), cortado de 1 pulgada de grosor
- Sal
- Pimienta negro
- 1 cucharada de AOVE
- 2 tazas de hojas verdes para ensalada mixtas, trituradas
- Hojas de hinojo

INSTRUCCIONES:
Para ensalada:
a) En un tazón grande, combine los frijoles, los tomates, el hinojo picado, la cebolla morada, el pimiento dulce y las puntas de hinojo cortadas; dejar de lado.
b) Para la vinagreta:
c) En un frasco con tapa de rosca, combine 1/4 taza de AOVE, el vinagre, el jugo de limón, 1/4 cucharadita de sal y pimienta. Tapar y agitar bien.
d) Vierta el aderezo sobre la mezcla de frijoles; revuelva suavemente para cubrir. Dejar reposar a temperatura ambiente durante 30 minutos.
Para el atún:
e) Espolvorea el atún, si lo usas fresco, con sal y pimienta; Caliente 1 cucharada de AOVE a fuego medio-alto.

f) Agregue el atún y cocine de 8 a 12 minutos o hasta que el pescado se desmenuce fácilmente con un tenedor, volteándolo una vez. Rompe el atún en trozos.
g) Agrega el atún a la mezcla de frijoles; revuelva para combinar.
h) Servir:
i) Forre una fuente para servir con verduras para ensalada y vierta la mezcla de frijoles sobre las verduras.
j) Adorne con puntas de hinojo adicionales, si lo desea.

27. Ensalada De Atún Y Estragón A La Parrilla

INGREDIENTES:
- 1/2 taza de vinagreta ligera o aderezo italiano para ensalada
- 1 cucharadita estragón fresco rallado
- 4 filetes de atún fresco (6 oz cada uno), cortados de 1/2 a 3/4 de pulgada de grosor
- 8 tazas (8 oz) de hojas verdes para ensalada
- 1 taza de tomates (lágrima, uva o cereza)
- 1/2 taza de pimiento amarillo en tiras
- 1-3/4 tazas (7 oz) de queso mozzarella y asiago rallado con ajo asado, cantidad dividida

INSTRUCCIONES:

a) Combine el aderezo para ensalada y el estragón. Vierta 2 cucharadas de aderezo sobre los filetes de atún.

b) Ase el atún a fuego medio-alto durante 2 minutos por lado o hasta que esté dorado por fuera pero aún muy rosado en el centro. Evite cocinar demasiado para evitar que se endurezca.

c) Combine las verduras para ensalada, los tomates, las tiras de pimiento morrón y 1 taza de queso en un tazón grande.

d) Agrega la mezcla de aderezo restante; tirar bien.

e) Transfiera a platos para servir, cubra con atún y espolvoree con el queso restante. Servir con pimienta.

28. Ensalada Nicoise de atún a la parrilla

INGREDIENTES:
- 2 cucharadas de vinagre de champán
- 1 cucharada de estragón picado
- 1 cucharadita de mostaza Dijon
- 1 chalota pequeña, finamente picada
- 1/2 cucharadita de sal marina fina
- 1/4 cucharadita de pimienta negra molida
- 1/4 taza de aceite de oliva
- 1 filete de atún (1 libra) fresco o congelado y descongelado
- Aceite en aerosol para cocinar
- 1 1/2 libras de papas nuevas pequeñas, hervidas hasta que estén tiernas y enfriadas
- 1/2 libra de judías verdes, peladas, hervidas hasta que estén tiernas y enfriadas
- 1 taza de tomates cherry partidos por la mitad
- 1/2 taza de aceitunas Nicoise deshuesadas
- 1/2 taza de cebolla morada en rodajas finas
- 1 huevo duro, pelado y cortado en gajos (opcional)

INSTRUCCIONES:

a) Batir el vinagre, el estragón, el Dijon, la chalota, la sal y la pimienta. Incorpora lentamente el aceite de oliva para hacer una vinagreta.

b) Rocíe 2 cucharadas de vinagreta sobre los filetes de atún, cubra y enfríe durante 30 minutos.

c) Rocíe la parrilla con aceite en aerosol y precaliente a fuego medio. Ase el atún hasta que esté cocido al punto deseado (de 5 a 7 minutos por cada lado).

d) Desmenuzar el atún en trozos grandes. Coloque el atún, las patatas, las judías verdes, los tomates, las aceitunas, la cebolla y el huevo en un plato grande. Sirva con la vinagreta restante a un lado.

29. Ensalada De Lechuga De Hoja Y Atún A La Parrilla

INGREDIENTES:
VINAGRETA DE LIMA:
- 6 cucharadas de jugo de lima
- 1,5 cucharadas de vinagre de vino blanco
- 3 cucharadas de aceite de oliva
- 2 cucharadas de salsa de soja reducida en sodio
- Sal y pimienta negra recién molida

ATÚN:
- 4 filetes de atún (4 a 5 oz cada uno)
- Aceite en aerosol antiadherente

ENSALADA VERDE:
- 8 tazas de lechuga mixta Bibb y romana
- 6 champiñones grandes (en rodajas)
- 1/4 taza de cebollines en rodajas
- 1 tomate grande (en cuñas)
- 1 lata de frijoles negros (enjuagados y escurridos, fríos)

INSTRUCCIONES:
a) Prepare la vinagreta de soja y lima batiendo el jugo de lima, el vinagre, el aceite de oliva, la salsa de soja, la sal y la pimienta.
b) Rocíe la parrilla con aceite en aerosol antiadherente y precaliéntela a fuego medio-alto. Sazone el atún con sal y pimienta.
c) Ase el atún durante 4-5 minutos por lado. Cortar el atún en tiras.
d) En un tazón, combine el atún, los champiñones, las cebolletas y otras verduras con la mitad de la vinagreta.
e) En una ensaladera aparte, mezcle la lechuga con la vinagreta restante. Coloca encima la mezcla de atún y verduras.
f) Opcional: espolvorear cilantro picado encima. Esta ensalada es similar a Black-eyed Pea que se sirve de esta manera.

30. Filetes De Atún A La Pimienta Con Ensalada Estilo Coreano

INGREDIENTES:
ENSALADA ESTILO COREANO:
- 1/2 taza de repollo napa rallado
- 1/4 taza de brotes de frijol frescos
- 1 pepino, pelado, sin semillas y en rodajas finas
- 1/4 taza de salsa de soja
- 1/4 taza de vinagre de arroz
- 1 cucharada de jengibre picado
- 1 cucharada de ajo picado
- 1 chile fresco de tu elección, picado
- 2 cucharadas de azúcar granulada
- 2 cucharadas de albahaca fresca picada en trozos grandes
- Sal y pimienta para probar

ATÚN:
- 4 filetes de atún fresco
- 1/4 taza de granos de pimienta molidos gruesos
- 1/2 cucharadita de sal kosher

INSTRUCCIONES:

a) En un tazón mediano, combine el repollo, los brotes de soja y el pepino.

b) Combine la salsa de soja, el vinagre, el jengibre, el ajo, el ají, el azúcar, la albahaca, la sal y la pimienta. Batir bien y luego agregar lo suficiente a la mezcla de repollo para humedecer. Mezcle bien, cubra y refrigere.

c) Precaliente la parrilla a fuego alto. Frote todo el atún con granos de pimienta molida y espolvoree con sal.

d) Colóquelo en una fuente para asar ligeramente engrasada y ase hasta que esté a su gusto, aproximadamente 6 minutos por lado.

e) Distribuya la ensalada en 4 platos, luego cubra cada uno con un filete de atún y sirva de inmediato.

31. Ensalada De Atún Fresco Braseado

INGREDIENTES:
- 3/4 libra de papas rojas baby o en crema
- 1/2 libra de judías verdes frescas
- 2 cucharadas de mostaza Dijon
- 3 cucharadas de vinagre de vino tinto
- 1 cucharada de rábano picante blanco
- 2 cucharadas de caldo de pollo
- 3/4 libra de filete de atún fresco, 1" de espesor
- 2 cucharadas de semillas de sésamo
- 1 cucharada de aceite de oliva
- 8 onzas de verduras tiernas frescas
- 1 tomate maduro, cortado en cubos de 2"
- 1/2 barra de pan francesa
- 1/2 cucharadita de sal
- 1/2 cucharadita de pimienta negra recién molida

INSTRUCCIONES:
a) Precalentar el horno a 350.
b) Lavar las patatas y cortarlas en cubos de 1".
c) Lave y recorte los frijoles y córtelos en trozos de 2".
d) Coloque las papas en una vaporera sobre 3 "de agua, luego cubra la olla y deje hervir el agua.
e) Cocine al vapor durante 5 minutos, luego agregue los frijoles y continúe cocinando al vapor otros 5 minutos.
f) Mezcle la mostaza y el vinagre en un tazón grande hasta que quede suave. Agregue el rábano picante y el caldo, luego revuelva con un tenedor hasta obtener una consistencia suave.
g) Agrega sal y pimienta, luego agrega las papas y los frijoles cuando estén cocidos y revuelve bien.
h) Lave el atún y séquelo con toallas de papel, luego cubra ambos lados con semillas de sésamo.
i) Precalienta una sartén antiadherente mediana a fuego medio-alto durante 2 minutos. Agregue aceite de oliva y dore el atún durante 2 minutos por lado, luego sal y pimienta el lado cocido.
j) Tapar y retirar del fuego, luego dejar reposar durante 5 minutos.
k) Divida las verduras por la mitad y colóquelas en platos, luego vierta las papas y los frijoles sobre la lechuga. Agregue los tomates, luego corte el atún en tiras y colóquelo encima.
l) Vierta el resto del aderezo por encima y luego sirva con una barra de pan.

ENSALADAS DE ATÚN ALBACORO EN CONSERVA

32. Ensalada De Albacora, Plátano Y Piña

INGREDIENTES:
- 3 plátanos maduros, cortados en cubitos
- 1/2 taza de piña enlatada picada
- 1 1/2 tazas de atún blanco enlatado
- 1/4 taza de apio cortado en cubitos
- 1/2 cucharadita de sal
- 1 cucharada de pepinillo picado
- Mayonesa para humedecer

INSTRUCCIONES:

a) Mezcle los plátanos y la piña, luego agregue el atún blanco desmenuzado.

b) Incorpora el resto de los ingredientes y luego decora con lechuga crujiente y rodajas de limón.

33. Ensalada De Pasta Con Albacora

INGREDIENTES:
- 4 tazas de pasta en espiral cocida
- 1 taza de aderezo italiano para ensalada
- 1 taza de tomates, cortados en cubitos
- 1 taza de pepinos, cortados en cubitos
- 1 taza de aceitunas negras, picadas
- 1 taza de pimiento rojo, cortado en cubitos
- 2 tazas de lechuga
- 1 lata de atún blanco

INSTRUCCIONES:
a) Cocine la pasta según las instrucciones.
b) Escurrir y mezclar con el aderezo para ensaladas. Refrigere por 1 hora.
c) Corte la lechuga en trozos pequeños y refrigere.
d) Mezcle las verduras con la pasta, luego agregue suavemente el atún y colóquelo sobre la lechuga en un tazón.

34. Ensalada De Fideos Con Atún

INGREDIENTES:
- 1-2 latas de atún (el atún blanco funciona mejor)
- 2 tazas de pasta cruda (las conchas pequeñas o los macarrones funcionan muy bien)
- 1/3 pepino (picado en trozos)
- 1/2 tomate mediano (cortado en cubitos)
- 1 zanahoria grande (pelada y picada en trozos pequeños)
- 1/3 taza de aceitunas negras en rodajas
- 1/3 taza de aceitunas verdes en rodajas
- 3 pepinillos dulces encurtidos (en rodajas finas)
- 1/2 cebolla pequeña (picada o finamente picada)
- 1/2 taza de aderezo para ensalada (Miracle Whip o sin nombre)
- Sal y pimienta para probar
- Cualquier otra verdura que te guste o te gustaría sustituir

INSTRUCCIONES:
a) Hervir la pasta (unos 10 minutos).
b) Mientras la pasta hierve, prepara las verduras.
c) Escurrir los fideos y enjuagar con agua fría hasta que la pasta se enfríe.
d) Agregue el aderezo para ensalada, sal y pimienta. Mezclar bien.
e) Agrega todas las verduras picadas a la pasta.
f) Agrega el atún a la mezcla. ¡Voilá!

35. Ensalada De Atún Chow Mein

INGREDIENTES:
VENDAJE:
- 1/3 taza de mayonesa y crema agria (o yogur griego)
- 1/4 cucharadita de sal (ajustar al gusto)
- 3/4 cucharadita de ajo en polvo
- 1/8 cucharadita de pimienta negra

ENSALADA:
- 1 cabeza de lechuga iceberg, desmenuzada
- 12 oz de atún blanco, escurrido y en trozos
- 1 taza de guisantes verdes congelados, descongelados
- 1 lata de fideos chow mein (aproximadamente 1 taza colmada)

INSTRUCCIONES:
a) Revuelva los ingredientes del aderezo y reserve.
b) Mezcla los guisantes, el atún y la lechuga.
c) Agrega el aderezo.
d) Por último, agregue los fideos chow mein y sirva inmediatamente.

36. Ensalada De Mostaccioli Nicoise

INGREDIENTES:
- 1 libra de mostaccioli o pasta penne, cruda
- 2 libras de judías verdes frescas, cocidas al vapor hasta que estén tiernas y crujientes
- 2 pimientos verdes medianos, cortados en trozos
- 1 litro de tomates cherry, cortados en cuartos
- 2 tazas de apio en rodajas
- 1 taza de cebollas verdes en rodajas
- 10-20 aceitunas maduras sin hueso (Kalamata), en rodajas (o al gusto)
- 2 latas (7 onzas) de atún blanco (atún blanco) envasado en agua, escurrido y desmenuzado

VENDAJE:
- 1/2 taza de aceite de oliva o vegetal
- 1/4 taza de vinagre de vino tinto
- 3 dientes de ajo, picados
- 4 cucharaditas de mostaza estilo Dijon
- 1 cucharadita de cualquier condimento de hierbas sin sal
- 1 cucharadita de hojas de albahaca (frescas o secas)
- 1/4 cucharadita de pimienta

INSTRUCCIONES:

a) Prepare la pasta como indica el paquete.

b) Mientras se cocina la pasta, pique las verduras y las aceitunas y combine con el atún en un tazón grande.

c) Batir el aceite, el vinagre, el ajo, la mostaza, el condimento de hierbas, la albahaca y la pimienta.

d) Una vez lista la pasta, escúrrala y agréguela al tazón grande con las verduras.

e) Vierta el aderezo sobre la pasta y revuelva para combinar bien.

f) Cubra y enfríe hasta que los sabores se mezclen (alrededor de 1 a 2 horas, más tiempo para obtener un mejor sabor).

g) Revuelva de vez en cuando mientras se enfría, luego sirva y ¡disfrútelo!

37. Ensalada de atún con fideos y pimiento

INGREDIENTES:
- 1 caja de fideos pequeños
- 1 frasco de pimientos (picados)
- 1/2 taza de apio picado
- 1/2 taza de cebollas verdes (en rodajas pequeñas)
- 1 lata de atún blanco (escurrido)
- 1 taza de mayonesa

INSTRUCCIONES:

a) Hervir los fideos pequeños en agua con sal hasta que estén cocidos. Escurrir y enjuagar con agua fría hasta que se enfríe.

b) Mézclalo con pimientos picados, apio, cebollas verdes, atún escurrido y mayonesa.

c) Refrigere y sirva sobre una hoja de lechuga romana. Ideal para un almuerzo de verano.

38. Ensalada De Atún Batido

INGREDIENTES:
- 2 latas de atún blanco en agua
- 3/4 taza de requesón grande (puedes usar bajo en grasa)
- 1 cucharadita de eneldo
- 1 cucharadita de azúcar (opcional)
- 1 cucharada de látigo milagroso
- Sal y pimienta para probar

INSTRUCCIONES:
a) Combine todos los ingredientes en un tazón.
b) Mezclar bien y comer.
c) Se puede comer solo o en sándwiches. Se puede disfrutar con abundante pan de grano grueso o con galletas integrales.

39. Ensalada De Macarrones Y Atún

INGREDIENTES:
- 12 onzas de atún blanco enlatado envasado en agua, escurrido y desmenuzado
- Paquete de 8 onzas de macarrones con cáscara pequeña
- 2 huevos duros, finamente picados
- 1/4 taza de pimiento verde o rojo, picado
- 2 tallos de apio, picados
- 1 manojo de cebollas verdes, picadas
- 1 taza de guisantes congelados, cocidos y enfriados
- 3/4 taza de mayonesa
- 2 cucharadas de salsa de pepinillos
- 1 cucharadita de sal
- 1 cucharadita de pimienta negra recién molida

INSTRUCCIONES:

a) Cocine los macarrones según las instrucciones del paquete, escúrralos y enjuáguelos con agua fría.

b) Deje que los macarrones se enfríen, luego agregue el atún, los huevos, el pimiento, el apio, la cebolla y los guisantes. Mezclar bien.

c) En un tazón pequeño, mezcle la mayonesa, la salsa de pepinillos, la sal y la pimienta.

d) Agrega la mezcla de mayonesa a los macarrones y mezcla bien.

e) Colocar en el frigorífico durante varias horas antes de servir.

40.Ensalada desnuda de atún y guisantes

INGREDIENTES:
- 12 oz de atún blanco en trozos
- 1/8 taza de guisantes dulces recién cortados
- 1 rama mediana de corazones de apio fresco
- 1/2 taza de cebolla verde
- 1 taza de perejil
- 1/2 taza de jícama
- 1 cucharadita de comino molido
- 1/4 cucharadita de especias, pimienta de cayena
- 1/4 cucharadita de sal
- 1/2 taza de mayonesa

INSTRUCCIONES:
a) Pele los guisantes, luego corte en dados finos el apio, la cebolla verde y la jícama. Picar el perejil.
b) Escurre las dos latas de atún, combina y mezcla bien.
c) Enfriar durante una hora antes de servir.
d) Sirva sobre verduras frescas o enróllelo. Se puede utilizar para una envoltura de atún caliente si tienes una prensa para panini.

41.Ensalada Neptuno

INGREDIENTES:
- 12-14 onzas Atún blanco, escurrido
- 6 tomates secos envasados en aceite, picados
- 2 cucharadas de perejil picado
- 1/2 taza de aderezo balsámico Marzetti®, cantidad dividida
- 8 onzas de ensalada mixta de verduras limpias
- 1/2 pepino inglés, partido por la mitad y cortado en rodajas de 1/4 de pulgada
- 2 tomates maduros cortados en 6 gajos cada uno
- 1 taza de tostadas texanas, sal marina y pimienta Croutons®

INSTRUCCIONES:
a) En un tazón mediano, combine el atún, los tomates secos, el perejil y 2 cucharadas de aderezo balsámico Marzetti®.
b) En un tazón para servir, combine las verduras para ensalada, el pepino y los tomates. Mezcle con el resto del aderezo balsámico Marzetti®.
c) Vierta la mezcla de atún sobre las verduras y espolvoree con picatostes de sal marina y pimienta Texas Toast.
d) Atender.

42. Ensalada Cremosa De Atún Con Pimiento Morrón Y Tomate

INGREDIENTES:
- 2 latas grandes de atún blanco envasado en agua, escurrido
- 1/4 aceitunas kalamata deshuesadas, escurridas y picadas O 1/4 aceitunas reina españolas, escurridas y cortadas en rodajas
- 1/2 pimiento rojo, sin semillas y picado (o pimientos rojos asados)
- 2 cucharadas de alcaparras, escurridas
- 1/4 cebolla morada, picada
- 2 tomates roma, picados
- Jugo de una rodajita de limón
- Mayonesa
- 2 cucharaditas de mostaza Dijon
- Pimienta negra recién molida
- Un par de batidos de condimento Old Bay

INSTRUCCIONES:
a) Combine todos los ingredientes excepto la mayonesa en un tazón grande para mezclar.
b) Agrega un poco de mayonesa a la vez hasta alcanzar la consistencia deseada; es más fácil agregar que quitar.
c) Enfriar hasta servir.
d) Sirva sobre pan francés crujiente con queso cheddar o sobre lechuga de hojas verdes.
e) No necesita sal, ya que se obtiene en abundancia de las aceitunas y las alcaparras.
f) Usuario

43. Ensalada De Atún Olio Di Oliva

INGREDIENTES:
- 1 lata de 5 onzas de atún blanco envasado en agua
- 1/4 taza de tomate cortado en cubitos
- 1/4 taza de apio cortado en cubitos
- 1/8 taza de aceitunas Kalamata picadas
- 1 cucharadita de alcaparras
- 1/4 cucharadita de albahaca seca
- 1/4 cucharadita de orégano seco
- 1/4 cucharadita de perejil seco
- 1 cucharada de aceite de oliva
- 1 1/2 cucharada de vinagre de vino tinto
- Sal y pimienta molida al gusto
- 2 cucharaditas de piñones (opcional)

INSTRUCCIONES:
a) Escurrir bien el atún enlatado.
b) Colocar en un bol y agregar el resto de los ingredientes.
c) Mezcle suavemente para mezclar.
d) Enfriar o comer inmediatamente.

44.Ensalada De Tortellini De Atún

INGREDIENTES:
- 1 paquete (19 onzas) de tortellini de queso congelado
- 1 lata (12 onzas) de atún blanco, enjuagado y bien escurrido
- 1/4 taza de aceitunas verdes en rodajas
- 1/4 taza de aceitunas negras en rodajas
- 1/4 taza de pimiento rojo picado
- 2 cucharadas de cebolla dulce picada
- 2 cucharadas de perejil fresco picado
- 2 cucharadas de mayonesa
- 1 cucharada de vinagre de vino tinto
- 1 cucharadita de hierbas provenzales (o 1 cucharadita de condimento italiano seco)
- 1/4 taza de aceite de canola
- Sal al gusto
- Adorne: ramitas de perejil fresco

INSTRUCCIONES:
a) Cocine los tortellini según las instrucciones del paquete; drenar. Sumérgete en agua con hielo para detener el proceso de cocción; Escúrrelo y ponlo en un envase grande.

b) Agrega el atún y los siguientes 5 ingredientes.

c) Batir la mayonesa, el vinagre de vino tinto y las hierbas provenzales. Agregue aceite en un chorro lento y constante, batiendo constantemente hasta que quede suave.

d) Vierta sobre la mezcla de tortellini y revuelva para cubrir. Agrega sal al gusto.

e) Cubra y enfríe durante al menos 25 minutos. Adorne, si lo desea.

45. Ensalada de atún de la zona alta

INGREDIENTES:
- 2 latas de atún tongol o albacora
- 1 cebolla mediana, picada
- 2 tallos de apio, cortados en cubos de 1/4"
- 1 huevo batido
- 2 cucharadas de crema de jerez
- 1 cucharadita de especia cajún
- Mayonesa de aceite de oliva al gusto
- 1 cucharada de pimientos cortados en cubitos, escurridos
- Aceite de oliva virgen extra
- Vinagre balsámico
- 8-10 oz de rúcula silvestre, enjuagada

INSTRUCCIONES:

a) En una cacerola pequeña sofreír la cebolla en un poco de aceite de oliva hasta que empiece a ablandarse.

b) Agrega el apio y continúa salteando hasta que la cebolla esté completamente blanda y ligeramente dorada.

c) Agrega el huevo batido y continúa cocinando, revolviendo hasta que el huevo esté cocido. Retirar del fuego.

d) Escurre bien el atún y ponlo en un tazón mediano. Agregue 2 cucharadas de aceite de oliva, jerez, pimientos y especias cajún, luego mezcle.

e) Agregue mayonesa hasta el nivel deseado de cremosidad, pero al menos 2 cucharadas. Combine con la mezcla de huevo y cebolla.

f) Para servir, divida la rúcula en 4 platos de aperitivo. Rocíe con vinagre y aceite de oliva. Ponga una cucharada de ensalada de atún en cada uno.

OTRAS ENSALADAS DE ATÚN EN CONSERVA

46.Ensalada de tomates secos y atún

INGREDIENTES:
- 10 tomates secados al sol , ablandados y cortados en cubitos
- aceite de oliva virgen extra, 2 cucharadas
- jugo de limón, ½ cucharada
- 1 diente de ajo, picado
- perejil finamente picado, 3 cucharadas
- 2 latas (5 oz) de atún , desmenuzado
- 2 costillas de apio, picadas finamente
- Una pizca de sal y pimienta bajas en sodio

INSTRUCCIONES:
a) Combina el apio cortado en cubitos, los tomates, el aceite de oliva virgen extra, el ajo, el perejil y el jugo de limón con el atún.
b) Sazone con pimienta y sal baja en sodio.

47. Ensalada Italiana De Atún

INGREDIENTES:
- 10 tomates secos
- 2 latas (5 oz) de atún
- 1-2 costillas de apio, picadas finamente
- 2 Cucharadas de aceite de oliva virgen extra
- 1 diente de ajo, picado
- 3 Cucharadas de perejil finamente picado
- 1/2 cucharada de jugo de limón
- Una pizca de sal y pimienta bajas en sodio

INSTRUCCIONES:
a) Prepare los tomates secados al sol ablandándolos en agua tibia durante 30 minutos hasta que estén tiernos. Luego, seque los tomates y pique finamente.
b) Desmenuzar el atún.
c) Mezclar el atún con los tomates picados, el apio, el aceite de oliva virgen extra, el ajo, el perejil y el jugo de limón. Agregue sal y pimienta bajas en sodio.

48.Ensalada asiática de atún

INGREDIENTES:
- 2 latas (5 oz) de atún, escurridas
- ½ taza de col lombarda rallada
- 1 zanahoria grande rallada
- 1 diente de ajo, picado
- 1 cucharadita de hojuelas de chile rojo (opcional)
- 1 cucharadita de jengibre rallado
- 1 cucharadita de aceite de sésamo tostado
- 2 cucharadas de aceite de oliva
- 3 cucharadas de vinagre de arroz
- 1 cucharadita de azúcar
- 2 cucharadas de cilantro fresco picado
- 1 cebollino, picado
- Sal y pimienta negra al gusto

INSTRUCCIONES:
a) Agrega todos los ingredientes a una ensaladera y mezcle bien.
b) Sirva con pan o sobre tazas de lechuga.

49.Ensalada De Atún Romano

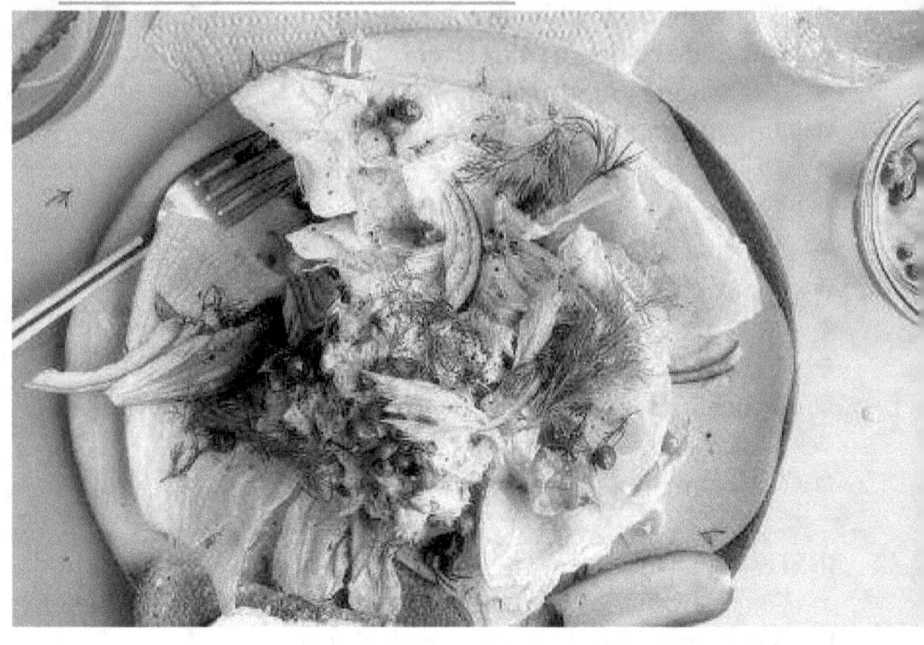

INGREDIENTES:
- 1 cucharada de jugo de limón
- 2 costillas de apio, picadas finamente
- 1 diente de ajo, picado
- 3 cucharadas de perejil
- 2 Cucharadas de aceite de oliva virgen extra
- 10 tomates secados al sol , a menudo cocidos en agua tibia y picados
- 10 onzas. lata de atún, desmenuzado
- Una pizca de sal y pimienta bajas en sodio

INSTRUCCIONES:
a)   Mezcle todo en un tazón para mezclar.
b)   Disfrutar.

50. Ensalada de atún como aperitivo bajo en carbohidratos

INGREDIENTES:
- 10 tomates secados al sol, ablandados y cortados en cubitos
- 2 latas (5 oz) de atún, desmenuzado
- 1-2 costillas de apio, picadas finamente
- 2 Cucharadas de aceite de oliva virgen extra
- 1 diente de ajo, picado
- 3 Cucharadas de perejil finamente picado
- ½ cucharada de jugo de limón
- Una pizca de sal y pimienta bajas en sodio

INSTRUCCIONES:
a) Mezclar el atún con los tomates picados, el apio, el aceite de oliva virgen extra, el ajo, el perejil y el jugo de limón.
b) Agregue sal y pimienta bajas en sodio.

51. Preparación de comida para ensalada de atún

INGREDIENTES:
- 2 huevos grandes
- 2 latas (5 onzas) de atún en agua, escurrido y desmenuzado
- ½ taza de yogur griego descremado
- ¼ taza de apio cortado en cubitos
- ¼ de taza de cebolla morada picada
- 1 cucharada de mostaza Dijon
- 1 cucharada de salsa de pepinillos dulces (opcional)
- 1 cucharadita de jugo de limón recién exprimido o más al gusto
- ¼ cucharadita de ajo en polvo
- Sal kosher y pimienta negra recién molida, al gusto
- 4 hojas de lechuga bibb
- ½ taza de almendras crudas
- 1 pepino, rebanado
- 1 manzana, en rodajas

INSTRUCCIONES:
a) Coloque los huevos en una cacerola grande y cúbralos con agua fría por 1 pulgada. Llevar a ebullición y cocinar durante 1 minuto. Cubra la olla con una tapa hermética y retírela del fuego; déjelo reposar de 8 a 10 minutos. Escurrir bien y dejar enfriar antes de pelar y cortar por la mitad.
b) En un tazón mediano, combine el atún, el yogur, el apio, la cebolla, la mostaza, la salsa picante, el jugo de limón y el ajo en polvo; sazone con sal y pimienta al gusto.
c) Divida las hojas de lechuga en recipientes para preparar comidas. Cubra con la mezcla de atún y agregue los huevos, las almendras, el pepino y la manzana a un lado. Se conservará en el frigorífico de 3 a 4 días.

52. Ensalada de kiwi y atún

INGREDIENTES:
- 1 lata de atún, escurrida
- 2 kiwis, pelados y rebanados
- 1 cebolla morada pequeña, en rodajas finas
- 2 cucharadas de aceite de oliva
- 1 cucharada de vinagre balsámico
- Sal y pimienta para probar
- Hojas de ensalada mixta

INSTRUCCIONES:
a) En un tazón pequeño, mezcle el aceite de oliva y el vinagre balsámico para hacer el aderezo.
b) En un tazón grande, mezcle el atún, los kiwis, la cebolla morada y las hojas de ensalada mixta.
c) Vierta el aderezo sobre la ensalada y revuelva para cubrir.
d) Sazone con sal y pimienta al gusto.

53. Ensalada De Atún Antipasto

INGREDIENTES:
- 1/2 taza de yogur natural
- 1/3 taza de mayonesa
- 1/4 taza de albahaca picada
- 1/4 cucharadita de pimienta
- 1/2 pepino inglés
- 1 pimiento
- 2 tazas de tomates cherry; reducido a la mitad
- 1 1/2 tazas de perlas bocconcini
- 1/2 taza de aceitunas verdes con pimiento
- 2 cucharadas de pimientos picantes encurtidos escurridos y picados
- 2 latas de atún en trozos, escurrido
- Ensaladas verdes

INSTRUCCIONES:
a) En un tazón grande, combine el yogur, la mayonesa, la albahaca y la pimienta.
b) Mezclar bien.
c) Agregue el pepino, el pimiento morrón, los tomates, los bocconcini, las aceitunas y los pimientos picantes.
d) Mezcle para cubrir.
e) Con un tenedor, agregue suavemente el atún, dejándolo en trozos pequeños.
f) Sirva encima de las verduras.

54. Ensalada de atún con alcachofas y aceitunas maduras

INGREDIENTES:
- 2 latas de atún claro en trozos, escurrido y desmenuzado
- 1 taza de corazones de alcachofa enlatados picados
- 1/4 taza de aceitunas en rodajas
- 1/4 taza de cebolletas picadas
- 1/3 taza de mayonesa
- 3 dientes de ajo, picados
- 2 cucharaditas de jugo de limón
- 1 1/2 cucharaditas de orégano fresco picado o 1/2 cucharadita seco

INSTRUCCIONES:
a) En un tazón mediano, combine todos los ingredientes.
b) Sirva sobre una cama de lechuga o espinacas con tomates en rodajas o úselo para rellenar tomates ahuecados o cáscaras de hojaldre.

55. Ensalada De Atún Y Macarrones Con Anillos

INGREDIENTES:
- 1 caja de macarrones (7 onzas), preparados como se indica en la caja
- 1 lata (8 1/2 onzas) de guisantes Le Sueur de principios de junio, escurridos (o 1 taza de guisantes tiernos congelados Green Giant Select Le Sueur, descongelados)
- 1 taza de apio, finamente picado
- 2 latas (6 onzas) de atún, escurrido
- 1/4 taza de cebollas, finamente picadas
- 1 taza de látigo milagroso
- 1 cucharadita de sal (o menos, usar al gusto)

INSTRUCCIONES:
a)   Mezcle suavemente todos los ingredientes y refrigere durante 2 a 3 horas.

56. Ensalada De Aguacate Con Atún

INGREDIENTES:
- 2 huevos duros
- 1 aguacate
- 1/2 cucharada de jugo de limón
- 8 onzas de atún
- 3 cucharadas de mayonesa
- 1/2 taza de cebolla, picada
- 2 cucharadas de pepinillos encurtidos, picados
- 2 cucharaditas de salsa picante líquida
- 1 1/2 cucharadita de sal
- 1 lechuga, rallada

INSTRUCCIONES:
a) En un bol, combine los huevos duros con el aguacate espolvoreado con jugo de limón para evitar la decoloración.
b) Triture bien con un tenedor.
c) En un tazón para servir, mezcle el atún (escurrido) con mayonesa, cebolla picada, pepinillos encurtidos picados, salsa líquida de pimiento picante y sal.
d) Agrega la mezcla de huevo.
e) Sirva sobre lechuga rallada.

57. Ensalada De Atún Y Arroz De Barcelona

INGREDIENTES:
- 1/3 taza de aceite de oliva
- 1/2 taza de vinagre de vino tinto
- 1 diente de ajo, finamente picado
- 1/2 cucharadita de sal
- 1 cucharada de mostaza Dijon
- 2 1/2 tazas de arroz de grano largo cocido
- Lata de 5 onzas de atún, escurrido
- 1/2 taza de aceitunas verdes en rodajas rellenas de pimientos
- 1 pimiento rojo, sin corazón, sin semillas y en rodajas
- 1 pepino mediano, pelado y picado
- 1 tomate, picado
- 1/4 taza de perejil fresco picado

INSTRUCCIONES:
a) Batir el aceite, el vinagre, el ajo, la sal y la mostaza de Dijon en un tazón de vidrio pequeño.
b) Combine los ingredientes restantes excepto el perejil, luego vierta el aderezo y revuelva suavemente para combinar.
c) Cubra y deje marinar en el refrigerador, luego agregue el perejil antes de servir.

58.Ensalada fría de pasta con atún y Bowtie Mac

INGREDIENTES:
- 1 bolsa (32 onzas) de macarrones con pajarita grande
- 6 latas (6 onzas) de atún
- 1 manojo de apio
- 1 pepino pequeño
- 1 cebolla morada
- 2 latas de aceitunas negras
- 1 frasco (10-12 onzas) de pepinillos encurtidos
- Mayonesa (mayonesa ligera si lo desea)
- Sal pimienta

INSTRUCCIONES:
a) Hervir los macarrones según las instrucciones.
b) Mientras prepara los macarrones, prepare otros ingredientes.
c) Cortar el apio, picar los pepinillos, la cebolla, las aceitunas y el pepino.
d) Cuando los macarrones estén terminados, colóquelos en un tazón GRANDE.
e) Comience usando aproximadamente la mitad de los macarrones y agregue más si lo desea.
f) Incorpora el atún y el resto de los ingredientes junto con sal y pimienta.
g) Ajusta la mayonesa a tu gusto. ¡Disfrutar!

59.Ensalada De Atún Y Frijoles Negros

INGREDIENTES:
- 1 lata de atún, escurrida
- 1 lata de frijoles negros, escurridos (sin enjuagar)
- 1 tomate, picado
- Tofu (opcional, según tu criterio)
- 1 cucharada (Alouette) de queso para untar con ajo y hierbas (como frischkäse o neufchatel)
- 1/4 taza de crema espesa
- Ensalada mixta de verduras
- Aderezo de aceite de chile (opcional)

INSTRUCCIONES:
a) Poner en un bol las croquetas de pescado y la nata.
b) Agrega el atún y los frijoles negros. Mezclar ligeramente.
c) Cocine la mezcla en el microondas durante aproximadamente 2-3 minutos hasta que las croquetas de pescado se derritan. Remover.
d) Coloque las verduras para ensalada en un plato.
e) Coloque una porción de frijoles y atún en el centro de la ensalada.
f) Espolvoree tomates y parta un poco de tofu por encima.
g) Agregue aderezo si lo desea. (Pruebe un aderezo casero de aceite de chile con aceite de sésamo, salsa de soja y chiles asados cortados en cubitos. Revuelva y vierta)
h) ¡Disfrutar!

60. Ensalada De Arroz Integral Y Atún

INGREDIENTES:
- 1 1/5 tazas de arroz integral u otro arroz de grano largo
- 1/2 taza de vinagre balsámico
- 250 gramos de pepinos, sin pelar, cortados en cubos de 1 cm
- 1/2 taza de rábanos pequeños, cortados por la mitad
- 1 tallo de apio, picado
- 60 gramos de hojas tiernas de rúcula
- 450 gramos de atún en agua, escurrido y desmenuzado
- Pimienta al gusto (sin sal porque el atún ya está bastante salado)

INSTRUCCIONES:
a) Cocine el arroz siguiendo las instrucciones del paquete, escúrralo bien y déjelo reposar durante 10 minutos para que se enfríe.
b) Agregue el balsámico al arroz y reserve durante 15 minutos.
c) Agregue todos los demás ingredientes al arroz, agregue pimienta al gusto y revuelva para combinar.
d) Sirva con o sobre rebanadas de pan integral.

61. Ensalada De Garbanzos Y Atún

INGREDIENTES:
VENDAJE:
- 1 cucharadita de menta seca o varias frescas picadas
- 1/2 cucharadita de ajo en polvo o úselo fresco al gusto
- 1/4 cucharadita de canela molida
- 1/2 cucharadita de sal
- 1/3 taza de vinagre de sidra
- 1/4 taza de aceite favorito

VERDURAS:
- 1 taza de apio cortado en cubitos o en rodajas (incluya las hojas superiores)
- 1/2 a 1 pimiento rojo entero cortado en cubitos
- Lata de 8 oz de castañas de agua en rodajas, escurridas
- Lata de 15 oz de garbanzos (garbanzos, ceci), escurridos y enjuagados
- 1 taza de cebolla morada finamente cortada en juliana
- 1 tomate grande, cortado en cubitos
- Atún

INSTRUCCIONES:
a) Agregue todos los ingredientes del aderezo y bata bien.
b) Combine todas las verduras en un tazón grande y vierta el aderezo.
c) Se conserva bien en el frigorífico y sabe delicioso si se marina durante unas horas.
d) Colóquelo sobre una cama de verduras/lechuga o sírvalo como acompañamiento fresco.
e) Agregue atún desmenuzado o pollo asado para una variación más sustanciosa.

62. Ensalada Picada Con Atún

INGREDIENTES:
- 2 cucharadas de vinagre de vino blanco
- 1/4 cucharadita de sal
- 1/8 cucharadita de pimienta negra recién molida
- 1/4 taza de aceite de oliva virgen extra
- 1 cabeza de lechuga romana, picada en trozos de 1"
- 1 lata de garbanzos, escurridos y enjuagados
- Lata de 5 onzas de atún, escurrido y desmenuzado
- 1/2 taza de aceitunas negras, deshuesadas y picadas
- 1/2 cebolla morada, cortada en trozos de 1/4"
- 2 tazas de perejil rizado fresco, picado en trozos grandes

INSTRUCCIONES:
a) Coloque el vinagre en una ensaladera grande.
b) Agrega sal y pimienta.
c) Agregue lentamente el aceite en un chorro constante, batiendo para emulsionar.
d) Agregue los ingredientes restantes al tazón y revuelva bien para combinar.

63. Ensalada Clásica Nicoise con Atún

INGREDIENTES:
- 115 g de judías verdes (recortadas y cortadas por la mitad)
- 115 g de hojas de ensalada mixta
- 1/2 pepino pequeño (en rodajas finas)
- 4 tomates maduros (en cuartos)
- 50 g de anchoas enlatadas (escurridas) - opcional
- 4 huevos (duros y en cuartos O escalfados)
- 1 lata pequeña de atún en salmuera
- Sal y pimienta negra molida
- 50 g de aceitunas negras pequeñas - opcional

VENDAJE:
- 4 cucharadas de aceite de oliva virgen extra
- 2 dientes de ajo (machacados)
- 1 cucharada de vinagre de vino blanco

INSTRUCCIONES:
a) Para el aderezo, mezcle los últimos 3 ingredientes y sazone al gusto con sal y pimienta negra, luego reserve.
b) Cocine las judías verdes durante unos 2 minutos (escaldadas) o hasta que estén ligeramente tiernas, luego escúrralas.
c) En un tazón grande, mezcle las hojas de ensalada, el pepino, los tomates, las judías verdes, las anchoas, las aceitunas y el aderezo.
d) Completa con los huevos en cuartos y el atún desmenuzado (para que no pierda su forma).
e) ¡Sirve inmediatamente y disfruta!

64. Ensalada De Cuscús, Garbanzos Y Atún

INGREDIENTES:
- 2 cucharaditas de aceite
- 1 canastilla de tomates cherry, cortados por la mitad
- 1 taza de cuscús
- 1 taza de agua, hervida
- 80 g de espinacas tiernas
- 400 g de garbanzos escurridos
- 185 g de atún en aceite, escurrido y desmenuzado
- 90 g de queso feta, desmenuzado
- 1/3 taza de aceitunas Kalamata sin hueso, en rodajas

VENDAJE:
- 2 cucharadas de aceite de oliva
- 1 cucharada de vinagre balsámico
- 2 cucharadas de jarabe de arce

INSTRUCCIONES:

a) Calienta el aceite en una sartén mediana a temperatura alta. Agregue los tomates, cocine durante 1-2 minutos hasta que estén tiernos y luego transfiéralo a un plato.

b) Coloque el cuscús en un tazón grande, cúbralo con agua y déjelo reposar durante unos 5 minutos hasta que se absorba el líquido. Revuelva con un tenedor.

c) Aderezo: Batir todos los ingredientes en una jarra y sazonar al gusto.

d) Mezcle las espinacas, los garbanzos, el atún, el queso feta y las aceitunas con el cuscús, junto con los tomates y el aderezo.

e) Servir con pan crujiente. ¡Disfrutar!

65. Ensalada de atún, piña y mandarina

INGREDIENTES:
- Lata de 20 onzas de rodajas de piña, reserve 2 cucharadas de jugo
- Lata de 7 onzas de atún blanco, escurrido
- Lata de 11 onzas de mandarinas, escurridas
- 1 pepino mediano, pelado y cortado en cubitos
- 1/4 taza de cebolla verde picada
- Hojas de lechuga para adornar platos
- 1 taza de mayonesa
- 1 cucharada de jugo de limón

INSTRUCCIONES:
a) Escurre las rodajas de piña y reserva 2 cucharadas. para el aderezo.
b) En un tazón mediano, rompa los trozos grandes de atún y luego mezcle con los trozos de naranja, el pepino y la cebolla verde.
c) Forre 5 platos de ensalada con hojas de lechuga.
d) Vierta la mezcla de atún sobre la lechuga en platos.
e) Cubra cada plato con 2 rodajas de piña.
f) Para el aderezo, mezcle 2 cucharadas. Jugo de piña con la mayonesa y el jugo de limón.
g) Rocíe el aderezo sobre cada porción de ensalada y sirva inmediatamente.

66. Ensalada De Atún Fresco Y Aceitunas

INGREDIENTES:
- 1/2 taza de apio cortado en cubitos
- 1/2 taza de cebolla española picada
- 1/4 taza de zanahoria picada
- 1/2 hoja de laurel
- 1/2 taza de vino blanco seco
- 2 rodajas de limón
- 1 ramita de mejorana fresca
- 1 ramita de tomillo fresco
- 1 libra de atún fresco sin piel y recortado
- 1/4 taza de pimiento rojo picado
- 1/4 taza de aceitunas negras curadas en seco, sin hueso, en rodajas
- 3 cucharadas de aceite de oliva
- 2 cucharadas de hojas de perejil fresco picado
- 1 1/2 cucharadas de jugo de limón recién exprimido
- 1 cucharadita de salsa picante
- Sal y pimienta negra recién molida

INSTRUCCIONES:

a) En una cacerola mediana, combine 1/4 taza de apio, 1/4 taza de cebolla, zanahoria, laurel, vino blanco, rodajas de limón, mejorana, tomillo y 1 1/2 tazas de agua. Llevar a ebullición, luego bajar el fuego a fuego lento durante 5 minutos.

b) Sumerja suavemente el atún en el líquido y escalfe hasta que esté cocido, aproximadamente de 12 a 15 minutos. Retira el atún y déjalo enfriar. Una vez enfriado, divídalo en hojuelas grandes.

c) Cuela el líquido de cocción a través de un colador de malla fina y viértelo a otra olla. Deseche los sólidos. Llevar a ebullición el líquido colado, reduciéndolo a 1/4 de taza y casi almibarado (de 10 a 15 minutos). Retirar del fuego y dejar enfriar.

d) En un tazón grande, combine el atún, el 1/4 taza de cebolla restante, el pimiento rojo, las aceitunas, el aceite de oliva, el perejil, el jugo de limón, la salsa picante y 2 cucharadas del líquido de cocción reducido. Deseche el líquido de cocción restante.

e) Mezcle suavemente pero bien y sazone al gusto con sal y pimienta.

f) Úselo como relleno de sándwich o como componente de ensalada.

67. Ensalada De Atún, Aguacate, Champiñones Y Mango

INGREDIENTES:
- Latas de atún serena (la porción depende del número de personas)
- Lechuga de mantequilla
- Hongos
- tomates cherry
- maíz dulce (lata)
- pepino libanés
- mangos en lata
- aderezo francés

INSTRUCCIONES:
a) Lave todos los productos y corte/rasgue la lechuga en trozos pequeños.
b) Corta los demás ingredientes como desees.
c) Prepare la ensalada colocando la lechuga en el tazón, agregando el atún de manera uniforme, luego coloque capas de tomates, champiñones, pepinos, mangos y rocíe el aderezo por encima.
d) No es necesario tirar, mezclar, servir o comer de inmediato. ¡Disfrutar!

68. Ensalada griega de remolacha y patatas

INGREDIENTES:
- 1/4 taza de aceite para ensalada
- 2 cucharadas de buen vinagre de vino o una mezcla de vinagre y jugo de limón
- 1/4 cucharadita de mostaza seca
- Pimienta recién molida
- 4 tazas de papas cocidas en caliente cortadas en cubitos
- 2 tazas de remolacha cocida o enlatada cortada en cubitos
- 1 cebolla bermuda mediana, finamente rebanada
- 1 cucharada de alcaparras picadas
- 1/4 taza de pepinillo encurtido picado
- 1/2 taza de aceitunas maduras, cortadas en trozos grandes
- 1 1/2 tazas de guisantes, judías verdes o atún o salmón enlatado desmenuzado (a su elección)
- Adorne (opcional): anchoas, aceitunas verdes o negras, ramitas de perejil

INSTRUCCIONES:
a) Combine los primeros cuatro ingredientes en un frasco con tapa de rosca y agite vigorosamente para mezclar.
b) Vierta sobre las remolachas, las patatas, la cebolla y los guisantes. Mezclar, tapar y refrigerar durante la noche.
c) Poco antes de servir, agregue su elección de guisantes, frijoles, atún o salmón.

69. Ensalada De Atún Estilo Griego

INGREDIENTES:
- 1 taza de orzo, crudo
- 1 lata (6 1/8) de atún blanco macizo, escurrido y desmenuzado
- 2 tazas de tomate picado
- 1/2 taza de queso feta desmenuzado
- 1/4 taza de cebolla morada picada
- 3 cucharadas de aceitunas maduras en rodajas
- 1/2 taza de vinagre de vino tinto
- 2 cucharadas de agua
- 2 cucharadas de aceite de oliva
- 1 diente de ajo, picado
- 1/2 cucharadita de albahaca seca
- 1/2 cucharadita de orégano seco
- Lechuga de hoja verde (opcional)

INSTRUCCIONES:
a) Cocine el orzo según las instrucciones del paquete; Escurrir, enjuagar con agua fría y escurrir de nuevo.
b) Combine el orzo, el atún, el tomate, el queso feta, la cebolla y las aceitunas en un tazón grande. Mezcle suavemente.
c) Combina vinagre, agua, aceite de oliva, ajo, albahaca y orégano en el recipiente de una batidora eléctrica. Cubra y procese hasta que quede suave, luego vierta sobre la mezcla de pasta y revuelva suavemente.
d) Cubra y enfríe bien. Sirva sobre hojas de lechuga si lo desea.

70. Ensalada de macarrones estilo hawaiano

INGREDIENTES:
- 1 caja de macarrones de tu elección
- 6 huevos cocidos
- 1 zanahoria rallada
- Complementos adicionales según lo desee (cebollas, aceitunas, atún, guisantes pequeños congelados, apio finamente picado, camarones cocidos tamaño ensalada)
- Aderezo: 1 taza de mayonesa o más, 2 cucharadas de agua, 1/2 cucharadita de vinagre de arroz, sal y pimienta al gusto, 1/2 cucharadita de curry en polvo (opcional), 1/2 cucharadita de pimentón (opcional), 2 cucharadas de leche (opcional) , 1 cucharada de azúcar (opcional)

INSTRUCCIONES:
a) Cocine los macarrones según las instrucciones del paquete, enjuáguelos y déjelos enfriar.
b) Picar los huevos cocidos y añadirlos a los macarrones. Agregue zanahoria rallada y cualquier complemento adicional.
c) Mezcle todos los ingredientes del aderezo. Ajuste la mayonesa o el agua según sea necesario.
d) Mezclar el aderezo con la mezcla de macarrones, mantener frío y servir.

71.Ensalada Saludable De Brócoli Y Atún

INGREDIENTES:
- 1 cabeza de brócoli
- 1 paquete de atún
- 1 lata de garbanzos
- Un puñado de tomates uva
- Media cebolla morada
- Aceite de oliva
- Jugo de limon
- Sal pimienta

INSTRUCCIONES:
a) Lavar el brócoli y picarlo en dados pequeños.
b) Enjuague los garbanzos, escurra el atún y pique los tomates por la mitad.
c) Cortar la cebolla morada en trozos pequeños.
d) Mezcle todos los ingredientes, luego agregue aceite de oliva y jugo de limón para cubrir la ensalada.
e) Añade sal/pimienta al gusto. ¡Disfrutar!

72. Ensalada Mixta De Frijoles Y Atún

INGREDIENTES:
- 1 lata de frijoles del norte
- 1 lata de judías verdes cortadas
- 1 lata de garbanzos
- 1 lata de frijoles rojos
- 2 latas de atún, envasado en agua, escurrido
- 1 cebolla dulce mediana, picada en trozos grandes
- 1/2 taza de pimiento naranja o amarillo picado
- 2/3 taza de vinagre
- 1/2 taza de aceite para ensalada
- 1/4 taza de Splenda o azúcar
- 1 cucharadita de semilla de apio

INSTRUCCIONES:
a) Enjuague bien todos los frijoles y combínelos en un tazón grande con la cebolla picada, el atún y el pimiento picado.
b) Batir el vinagre, el aceite vegetal, el azúcar y las semillas de apio. Vierta sobre las verduras y revuelva ligeramente.
c) Cubra y refrigere durante ocho horas o toda la noche, revolviendo ocasionalmente para fusionar los sabores.

73.Ensaladera de antipasto italiano

INGREDIENTES:
- 6 onzas de corazones de alcachofa
- Lata de 8-3/4 onzas de garbanzos, escurridos
- Lata de 8-3/4 onzas de frijoles rojos, escurridos
- Lata de 6-1/2 onzas de atún claro en agua, escurrido y desmenuzado
- 1/2 cebolla morada dulce, en rodajas finas
- 3 cucharadas de aderezo italiano para ensalada
- 1/2 taza de apio, en rodajas finas
- 6 tazas de lechugas mixtas
- 2 onzas de anchoas, escurridas
- 3 onzas de salami seco, cortado en tiras finas
- 2 onzas de queso fontina, cortado en cubos
- Pimientos rojos y verdes encurtidos para decorar

INSTRUCCIONES:
a) Mezcle las alcachofas y la marinada con los frijoles, el atún, la cebolla y 2 cucharadas de aderezo embotellado.
b) Cubra y refrigere durante 1 hora o más para mezclar los sabores.
c) En una ensaladera grande, combine ligeramente la mezcla marinada con el apio y las hojas verdes para ensalada.
d) Si es necesario, agregue un poco más de aderezo embotellado.
e) Coloque encima las anchoas, el salami y el queso, luego decore con pimientos. Servir inmediatamente.

74. Ensalada Japonesa De Atún Harusume

INGREDIENTES:
- 50 g de fideos Harusume (fideos de hilo de judías/fideos de cristal o fideos de arroz)
- 1 atún enlatado pequeño
- 1/2 pepino pequeño (en rodajas finas)
- 1 cucharadita de jengibre japonés encurtido (opcional)
- Tiras de algas (opcional)
- Cebolleta/cebolleta/cebolleta verde (opcional)
- Semillas de sésamo (opcional)
- Salsa: 1 cucharadita de aceite de sésamo, 2 cucharaditas de salsa de soja ligera/tamari, 1 cucharadita de mirin, sal al gusto

INSTRUCCIONES:
a) Remoje los fideos en agua hervida o caliente hasta que estén transparentes (3-4 minutos o 15 minutos).
b) Espolvorea sal sobre las rodajas de pepino y reserva.
c) Enjuague los fideos con agua fría y escúrralos. Unte el atún enlatado sobre los fideos.
d) Agregue rodajas de pepino (y jengibre encurtido si lo desea).
e) Vierta la salsa sobre los fideos, sazone con sal y pimienta y revuelva hasta que estén bien cubiertos.
f) Adorne con tiras de algas, cebolletas en rodajas y semillas de sésamo.
g) Servir inmediatamente.

75. Ensalada De Atún Y Anchoas Nicoise

INGREDIENTES:
- 8 patatas rojas pequeñas (cocidas)
- 2 libras de judías verdes (blanqueadas)
- 10 tomates cherry ovalados
- 1 cebolla morada pequeña (en rodajas finas)
- 1/2 taza de aceitunas (sin hueso)
- 6 huevos duros (en cuartos)
- 2 latas de 12 oz de bonito del norte (envasado en aceite)
- 2 oz de filetes de anchoa (opcional)
- Aderezo: 1 cucharada de mostaza Dijon, 4 cucharadas de vinagre de vino tinto, 1/2 taza de aceite de oliva, 1 cucharadita de azúcar, 1/2 cucharadita de sal, 1/2 cucharadita de pimienta, 1/4 taza de perejil de hoja plana finamente picado

INSTRUCCIONES:

a) Hervir las patatas, cortarlas en cuartos cuando estén frías. Hervir y cortar en cuartos los huevos. Blanquear los frijoles y dejar enfriar.

b) Batir la mostaza y el vinagre hasta que quede suave. Agregue aceite de oliva en un chorro lento, batiendo hasta que espese. Agrega el azúcar, la sal, la pimienta y el perejil picado.

c) Mezcle la ensalada, vierta la mayor parte del aderezo, coloque los huevos alrededor del plato, el atún en el centro y rocíe el resto del aderezo sobre el atún y los huevos.

76. Ensalada de macarrones sobrantes para almuerzo de atún

INGREDIENTES:
- 1 cuarto de galón sobrante de ensalada de macarrones (elimine la lechuga)
- 1 lata de atún
- 1 taza de agua
- 1/2 paquete de queso en polvo
- Pimienta
- Sal sazonada

INSTRUCCIONES:
a) Agua hervida.
b) Agrega el atún.
c) Agrega la ensalada de macarrones y revuelve bien. Traer de vuelta a ebullición.
d) Agrega 1/2 paquete de queso.
e) Sazone con pimienta y sal sazonada al gusto.
f) ¡Disfrutar!

77. Ensalada de huevo cocido y atún

INGREDIENTES:
- 2 paquetes de atún
- 2 huevos duros
- 3 cucharadas de mayonesa
- 1/2 cucharada de aderezo ranch
- 1/2 cucharada de salsa de chips de cebolla francesa
- 1/2 cucharada de condimento (picado)
- Una pizca de trocitos de tocino
- Una pizca de ajo en polvo
- Una pizca de condimento cajún
- pizca de pimienta

INSTRUCCIONES:
a) Mezcle todos los ingredientes en un tazón.
b) Enfríe durante 30 minutos para obtener el mejor sabor y consistencia.
c) Disfrútalo solo o sobre pan tostado.

78.Ensalada Mediterránea De Antipasto De Atún

INGREDIENTES:
- 1 lata de frijoles (garbanzos, guisantes de carita o frijoles cannellini), enjuagados
- 2 latas o paquetes de atún claro en trozos envasados en agua, escurrido y desmenuzado
- 1 pimiento rojo grande, finamente picado
- 1/2 taza de cebolla morada finamente picada
- 1/2 taza de perejil fresco picado, dividido
- 4 cucharaditas de alcaparras, enjuagadas
- 1 1/2 cucharaditas de romero fresco finamente picado
- 1/2 taza de jugo de limón, dividido
- 4 cucharadas de aceite de oliva extra virgen, cantidad dividida
- Pimienta recién molida al gusto
- 1/4 cucharadita de sal
- 8 tazas de ensalada de verduras mixtas

INSTRUCCIONES:
a) Combine los frijoles, el atún, el pimiento morrón, la cebolla, el perejil, las alcaparras, el romero, 1/4 taza de jugo de limón y 2 cucharadas de aceite en un tazón mediano.
b) Sazone con pimienta.
c) Combine el 1/4 de taza restante de jugo de limón, 2 cucharadas de aceite y sal en un tazón grande.
d) Agrega las verduras para ensalada; revuelva para cubrir.
e) Divida las verduras en 4 platos y cubra cada uno con la ensalada de atún.

79.Ensalada mediterranea de atún

INGREDIENTES:
- Atún italiano envasado en aceite de oliva (cómprelo a granel en Costco)
- Aproximadamente una taza de cebada (ya cocida)
- Tomates uva (picados)
- alcaparras
- Aceitunas negras arrugadas (sin hueso y picadas)
- Rúcula bebé
- Jugo de limon
- Aceite de oliva virgen extra
- Sal
- Pimienta negra recién molida

INSTRUCCIONES:
a) Mezcle todos los ingredientes en un bol y revuelva suavemente.
b) Agregue tanto o tan poco como desee de cada uno según sus preferencias personales.
c) Servir con un par de trozos de pan crujiente integral.

80. Ensalada Nicoise cargada

INGREDIENTES:
- 1 cabeza de lechuga romana, cortada en trozos pequeños
- 1 cabeza de lechuga Boston o Bibb
- 2 o 3 latas de atún escurridas
- 1 lata de corazones de alcachofa, escurridos
- 1 taza de tomates uva
- 6-8 cebollas verdes, limpias
- 6-8 papas rojas nuevas pequeñas, cocidas al vapor y sin piel
- 1 lata de filetes de anchoa, remojados en leche y secos
- 3/4 libra de judías verdes frescas, blanqueadas
- 4 huevos duros, en cuartos
- 2 chalotes, picados
- 1 diente de ajo, machacado
- 1,5 cucharaditas de sal
- Pimienta negra recién molida
- 2 cucharadas de mostaza Dijon
- 1/3 taza de vinagre de vino tinto
- 2/3 taza de aceite de oliva virgen extra suave
- 3 cucharadas de alcaparras escurridas (reservadas como guarnición)

INSTRUCCIONES:
a) Prepare la ensalada como se indica, asegurándose de que los frijoles estén crujientes y las papas tiernas.
b) Prepare el aderezo para ensalada batiendo la chalota, el ajo, la mostaza, la sal y la pimienta con vinagre.
c) Agregue aceite lentamente mientras bate.
d) Mezcle las papas cocidas y calientes con 2 cucharadas de aderezo preparado.
e) Mezcle las judías verdes con una cucharada escasa de aderezo.
f) Arma la ensalada, colocando lechuga, atún, huevos y más. Rocíe con el aderezo.
g) Adorne con alcaparras. Sirva con el aderezo restante a un lado.

81. Ensalada de manzana, arándanos y atún al huevo

INGREDIENTES:
- 2 latas pequeñas de atún en trozos en agua
- 3 huevos grandes
- 1 cebolla amarilla pequeña o 1/2 grande
- 2 cucharadas muy completas de salsa dulce
- 1 manzana Granny Smith pequeña
- 3 cucharadas de arándanos secos
- 3 cucharadas de mayonesa
- 1 cucharada de mostaza picante o marrón
- Sal y pimienta para probar
- 1 cucharada de jugo de limón
- 1 cucharadita de hojuelas de perejil
- 1/4 cucharadita de pimentón

INSTRUCCIONES:
a) Hervir los huevos durante 10 minutos; enfriar, pelar y cortar en cubitos.
b) Escurrir el agua del atún.
c) Eche el atún en un tazón y desmenúcelo con una cuchara de madera, formando trozos grandes.
d) Pelar la manzana, quitarle el corazón, rallarla con un rallador grueso y añadirla al bol.
e) Pica finamente la cebolla y añádela al bol.
f) Agrega el resto de los ingredientes y mezcla suavemente, teniendo cuidado de no triturarlos.
g) Déjalo reposar 10-15 minutos en el frigorífico.
h) Servir con pan fresco o sobre una hoja de lechuga.

82. Ensalada De Pasta Con Atún A La Plancha Y Tomates

INGREDIENTES:
- 8 tomates ciruela, aproximadamente 1 1/4 libra en total, cortados por la mitad a lo largo
- 2 cucharadas más 1/2 taza de aceite de oliva
- Sal y pimienta recién molida al gusto.
- 1 libra de conchas de pasta
- 2 libras de filetes de atún, cada uno de aproximadamente 3/4 de pulgada de grosor
- 1 taza de hojas de albahaca fresca sin apretar
- 3 cucharadas. vinagre de vino tinto
- 1 libra de queso mozzarella fresco, finamente picado
- 1/4 taza de perejil fresco picado

INSTRUCCIONES:
a) Precalienta un horno a 450°F. Preparar a fuego fuerte en una parrilla.
b) Coloque los tomates en una bandeja para hornear y mezcle con 1 cucharada. del aceite de oliva. Colóquelos, con los lados cortados hacia arriba, sobre la bandeja y sazone con sal. Ase hasta que estén tiernos, unos 20 minutos. Deje enfriar y luego córtelo por la mitad en forma transversal.
c) Mientras tanto, hierva una olla grande con tres cuartos de agua con sal a fuego alto. Agregue la pasta y cocine hasta que esté al dente (tierna pero firme al morder), aproximadamente 10 minutos. Escurrir, enjuagar con agua corriente fría y escurrir nuevamente. Dejar de lado.
d) Cepille ambos lados de los filetes de atún con 1 cucharada. del aceite. Sazone bien con sal y pimienta. Colóquelo en la parrilla de 4 a 6 pulgadas por encima del fuego y ase hasta que esté ligeramente dorado, aproximadamente 3 minutos. Voltee y cocine de 3 a 4 minutos más a fuego medio o hasta que esté cocido a su gusto. Transfiera a una tabla de cortar, deje enfriar y córtelo en cubos de 3/4 de pulgada.
e) En un procesador de alimentos o licuadora, combine las hojas de albahaca y la 1/2 taza de aceite restante. Pulse o mezcle hasta que

esté picado hasta obtener un puré grueso. Agrega el vinagre y sazona con sal y pimienta. Pulse o mezcle hasta que se combinen.
f) En un tazón grande, combine la pasta, los tomates y el jugo acumulado, el atún, la mozzarella, el perejil y el aderezo de albahaca.
g) Revuelva suavemente y sirva. Sirve 8.

83. Ensalada Penne Con Tres Hierbas, Alcaparras Y Atún

INGREDIENTES:
- Lata de 6 onzas de atún envasado en aceite de oliva, escurrido
- 1-1/2 cucharaditas de sal
- 1/2 libra de pasta penne
- 2 cucharadas de jugo de limón fresco
- 2 cucharadas de aceite de oliva virgen extra
- 1/2 cucharadita de pimienta recién molida
- 1/4 taza de perejil fresco picado
- 1/4 taza de albahaca fresca picada
- 1/4 taza de cilantro fresco picado
- 2 cucharaditas de alcaparras, enjuagadas y escurridas

INSTRUCCIONES:

a) Coloque el atún en un tazón pequeño, córtelo en hojuelas con un tenedor y reserve.

b) Calienta una olla grande llena de agua para que hierva.

c) Agregue penne y 1 cucharadita de sal, luego cocine hasta que esté al dente, aproximadamente 12 minutos. Escurrir y transferir a un tazón grande para servir.

d) Agregue el jugo de limón, el aceite de oliva, la sal y la pimienta restantes, luego revuelva para cubrir.

e) Agregue el atún, el perejil, la albahaca, el cilantro y las alcaparras, luego mezcle suavemente.

f) Pruebe y ajuste la sazón, luego cubra y refrigere para que se enfríe durante aproximadamente 1 hora.

g) Servir a temperatura ambiente.

84. Ensalada de frijoles, arroz integral y atún

INGREDIENTES:
- 1 lata de frijoles rojos
- 1 lata de frijoles cannellini
- 1 lata de buen atún envasado en agua
- 1 1/2 tazas aproximadamente de arroz integral al dente cocido, enfriado
- Jugo de medio limón grande
- 2 cucharadas de albahaca fresca picada
- Sal y pimienta para probar

INSTRUCCIONES:
a) Escurrir y enjuagar los frijoles, mezclar con el atún escurrido en un tazón mediano.
b) Agrega el arroz cocido.
c) En un plato pequeño, bata el jugo de limón, la albahaca, la sal y la pimienta.
d) Rocíe y mezcle para cubrir, ¡no triture los frijoles!
e) Y ya está, amigo mío.

85. Ensalada De Patatas Con Atún

INGREDIENTES:
- 5-6 patatas
- 1 lata de atún
- 1 taza de mayonesa
- 1 cucharada de aceite de oliva
- 2 cucharadas de cebolleta y perejil finamente picados
- Jugo de limón (opcional)
- Sal y pimienta negra al gusto

INSTRUCCIONES:
a) Enjuagar las patatas y cocerlas en agua y sal.
b) Pelar las patatas cocidas y cortarlas en trozos pequeños.
c) Poner las patatas en un bol y añadir el atún previamente escurrido.
d) Agrega la mayonesa, el aceite, la cebolla, el perejil, el jugo de limón, sal y pimienta al gusto.
e) Mezclar bien todos los ingredientes, tapar el bol con film plástico y reservar en el frigorífico hasta el momento de servir.

86.Ensalada de atún a la antigua usanza

INGREDIENTES:
- 1 lata de 12 onzas de atún claro en trozos; enfriado, bien escurrido
- 1/4 taza de apio finamente picado
- 2 cucharadas de cebollino finamente picado
- 1 cucharada de cebolla finamente picada
- 2 cucharadas de pepinillos encurtidos con pan y mantequilla finamente picados
- 1 cucharada de pepinillos dulces finamente picados
- 1 huevo duro finamente picado
- 3 cucharadas de mayonesa
- 1/3 cucharadita de mostaza molida gruesa
- 1 cucharada de jugo de pepinillos con pan y mantequilla
- 1 cucharadita de jugo de limón fresco
- 1/4 cucharadita de sal de apio
- 1/8 cucharadita de pimienta negra recién molida
- 1/8 cucharadita de hojas secas de tomillo

INSTRUCCIONES:
a) Escurrir bien y desmenuzar los trozos del atún.
b) Corte en dados y combine el apio, la cebolleta, la cebolla, los pepinillos encurtidos con pan y mantequilla y los pepinillos dulces hasta que estén bien mezclados.
c) Mezcle la mezcla de verduras con el atún desmenuzado.
d) Agrega el huevo duro cortado en cubitos y revuelve la mezcla hasta que todos los aditivos se distribuyan uniformemente.
e) Combine todos los ingredientes restantes del aderezo en un tazón. Pruebe y ajuste los condimentos.
f) Incorpora suavemente el aderezo al atún hasta que la ensalada esté bien mezclada y homogénea.
g) Refrigere bien tapado hasta que esté listo para usar en ensaladas o sándwiches.

87. Ensalada De Arroz Risotto Con Alcachofas, Guisantes Y Atún

INGREDIENTES:
- 1 taza de arroz DeLallo Arborio
- 1 lata (5,6 onzas) de atún italiano importado envasado en aceite de oliva, reserve el aceite
- 1 frasco (12 onzas) de corazones de alcachofa marinados DeLallo, cortados en cuartos (reserve el líquido)
- 6 onzas de guisantes verdes congelados, descongelados
- Ralladura de 1 limón
- 2 cucharadas de albahaca picada
- Sal y pimienta

INSTRUCCIONES:
a) Ponga a hervir una olla grande de agua con sal y luego agregue el risotto. Revuelva y cocine el arroz hasta obtener una textura al dente, aproximadamente 12 minutos.
b) Escurrir el arroz en un colador y enjuagar con agua fría para eliminar el exceso de almidón. Escurrir muy bien y dejar enfriar.
c) Una vez enfriado, coloque el risotto en un tazón grande para mezclar. Agregue el atún, las alcachofas y los guisantes. No olvides agregar el aceite del atún y la marinada de las alcachofas para crear el aderezo.
d) Incorpora la ralladura de limón y la albahaca fresca. Sal y pimienta para probar.
e) Servir frío.

88.Ensalada de atún dulce y con nueces

INGREDIENTES:
- 2 cucharadas de nueces pecanas, nueces o almendras picadas
- 10 uvas rojas sin semillas, en cuartos
- 2 cucharadas de cebolla morada picada
- 1 lata de atún
- 1/2 taza de Miracle Whip o mayonesa

INSTRUCCIONES:

a) ¡Combina todos los ingredientes y disfruta!

89. Ensalada De Macarrones Con Atún

INGREDIENTES:
- 7 oz de codos, cocidos y escurridos
- 1/2 taza de apio picado
- 1/4 taza de cebolla picada
- 1/4 taza de pimiento verde picado
- 1-1/2 tazas de guisantes y zanahorias congelados, descongelados
- 1 cucharada de jugo de pepinillo encurtido
- 1-1/2 cucharaditas de sal
- 1-6-1/2 lata de atún, escurrido y desmenuzado
- 3/4 taza de aderezo para ensalada estilo sándwich

INSTRUCCIONES:
a)   Mezcla el aderezo en el bol, luego agrega el resto y revuelve.

90. Ensalada picante de atún y tarta

INGREDIENTES:
- 3 onzas de atún envasado en agua, escurrido
- 1 cucharada de arándanos secos endulzados
- 1/4 costilla de apio, finamente picada
- 2 cucharadas de Miracle Whip sin grasa
- 1/2 cucharadita de pimienta negra
- 1 cucharadita de mostaza preparada

INSTRUCCIONES:
a) Combine todos los ingredientes en un tazón, mezclando hasta que estén bien combinados.
b) ¡Sirva sobre pasta, pitas, ensalada o wraps!

91. Ensalada italiana de atún baja en grasas

INGREDIENTES:
- 1 lata de 5 onzas de atún claro en trozos, escurrido
- 1 cucharada de vinagre balsámico (ajustar al gusto)
- 1 cucharadita de jugo de limón fresco
- 1 cucharadita de ralladura de limón
- 1 cucharada de alcaparras
- Sal y pimienta para probar
- 1 taza de lechuga, rallada en trozos más pequeños
- 1/2 tomate mediano, cortado por la mitad y en rodajas
- 1/2 pepino mediano, pelado, rebanado y rebanado en mitades

INSTRUCCIONES:
a) Mezcla el atún y los siguientes cinco ingredientes.
b) Vierta la ensalada de atún sobre la lechuga, el tomate y los pepinos.
c) Mezcle ligeramente todos los ingredientes y sirva.

92. Ensalada De Atún Y Espinacas

INGREDIENTES:
- 1 lata de atún blanco
- 1 bolsa de hojas de espinacas frescas
- 1 lata de maíz dulce
- Queso blanco (se puede sustituir por cheddar)
- 2 tomates frescos (o una bandeja de tomates cherry)
- Aceite de oliva
- Vinagre
- Sal pimienta

INSTRUCCIONES:
a) Lavar las hojas de espinacas y ponerlas en un bol grande.
b) Agrega el atún, el maíz dulce (sin líquido).
c) Agrega el queso cortado en cubitos y los tomates cortados en cuartos (si son tomates cherry, córtalos por la mitad).
d) Agrega sal, vinagre y aceite de oliva (necesariamente en este orden).
e) Agrega pimienta si quieres.
f) También puedes añadir pasas y aguacate, muy mediterráneo.

93. Ensalada De Pasta Con Atún Y Pimienta

INGREDIENTES:
- 2 cucharadas de yogur natural sin grasa
- 2 cucharadas de albahaca fresca picada
- 2 cucharadas de agua
- 1 1/2 cucharaditas de jugo de limón
- 1 diente de ajo, picado
- Pimienta recién molida (al gusto)
- 2/3 taza de pimientos rojos asados, picados y divididos
- 1/2 taza de cebolla morada finamente picada
- 4 oz de atún claro en trozos en agua, escurrido
- 4 oz de floretes de brócoli, cocidos al vapor hasta que estén tiernos y crujientes
- 6 onzas de penne integral, cocido y escurrido

INSTRUCCIONES:
a) Combine el yogur, la albahaca, el agua, el jugo de limón, el ajo, la sal, la pimienta y el 1/3 de taza de pimientos rojos restantes en una licuadora y haga puré hasta que quede suave.
b) En un tazón grande, mezcle los pimientos restantes, la cebolla, el atún, el brócoli y la pasta.
c) Agrega la salsa de pimienta y revuelve bien para mezclar. Enfriar antes de servir.

94. Ensalada De Atún Y Manzana

INGREDIENTES:
- Lata de 6 onzas de atún en agua, bien escurrida
- 1 manzana Granny Smith mediana, sin corazón, pelada y picada en trozos muy pequeños
- 1/4 taza de salsa de pepinillos encurtidos
- 1/8 cucharadita de sal
- 8 onzas de yogur natural

INSTRUCCIONES:
a) Combine todos los ingredientes, luego enfríe durante 2 horas.
b) Sirva sobre verduras.

95. Ensalada De Pasta Con Atún, Aguacate Y 4 Frijoles

INGREDIENTES:
- Lata de 400 g de atún en trozos, escurrido
- Lata de 300 g de mezcla de 4 frijoles, escurridos
- 1 tomate mediano, picado
- 1 aguacate, sin semillas, pelado y cortado en cubitos
- 100 g de pasta, cruda
- 1 cebolla morada pequeña, picada finamente (opcional)

INSTRUCCIONES:

a) En una cacerola, cocine la pasta según las instrucciones del paquete hasta que esté tierna. Escurrir la pasta y reservar.

b) Mientras tanto, prepare todas las verduras, luego en una ensaladera grande, combine bien todos los ingredientes y agregue la pasta. Revuelva.

c) Salpimenta la ensalada a tu gusto y sirve lo antes posible.

96.Ensalada De Orzo De Atún

INGREDIENTES:
- 3 tazas de caldo de pollo
- 1 taza de orzo
- 1/4 taza de vinagre de vino tinto
- Sal y pimienta para probar
- 2 latas (6 oz) de atún envasado en aceite de oliva, escurrido y reservado el aceite
- 1 lata (15 oz) de garbanzos, escurridos
- 1 taza de tomates uva, cortados por la mitad
- 1 pimiento amarillo o rojo, cortado en cubitos
- Media cebolla morada, finamente picada
- 1/2 taza de albahaca fresca, picada
- 1/2 taza de queso feta desmenuzado

INSTRUCCIONES:
a) Pon a hervir el caldo de pollo en una cacerola y agrega el orzo. Cocine hasta que esté al dente, luego escurra y déjelo enfriar un poco.
b) En un bol grande, sazona el vinagre de vino tinto con sal y pimienta. Mezclar hasta que la sal se disuelva.
c) Agregue el aceite de atún reservado, luego agregue el orzo cocido y revuelva para mezclar.
d) Agregue los garbanzos, los tomates uva, el pimiento morrón, la cebolla morada y la albahaca a la mezcla de orzo.
e) Rompe el atún y agrégalo junto con el queso feta desmenuzado a la ensalada. Mezcle suavemente para combinar.
f) Sirva la ensalada de atún orzo y considere agregar un chorrito ligero de vinagre balsámico.

97. Ensalada De Atún, Tomate Y Aguacate

INGREDIENTES:
- 2 latas (6 onzas) de atún
- 1 tomate, sin semillas y cortado en cubitos
- 2 aguacates, 1 cortado en cubitos, 1 en puré
- 1 diente de ajo
- 1 cucharada de vinagre de vino blanco
- Una pizca de pimienta de cayena
- Pizca de sal
- Una pizca de pimienta negra

INSTRUCCIONES:

a) Haga puré un aguacate con ajo, vinagre, cayena, sal y pimienta negra.

b) Escurrir el atún y mezclarlo con el puré, el tomate cortado en cubitos y el otro aguacate cortado en cubitos.

98. Ensalada Waldorf de Atún con Manzana

INGREDIENTES:
- 1 lata (5 oz) de atún blanco en agua
- 1/4 pera grande (o manzana)
- 1/4 taza (1 oz) de nueces picadas, crudas (tostadas si lo prefieres)
- 1/4 taza de cebolla morada, picada
- 2 cucharadas de mayonesa baja en grasa
- 1 cucharada de jugo de limón
- 2 hojas de lechuga para servir

INSTRUCCIONES:
a) Escurrir el atún.
b) Picar la cebolla, la pera (o manzana) y las nueces.
c) Mezclar mayonesa y jugo de limón.
d) Combine todos los ingredientes en un bol y mezcle bien.
e) Enfríe la ensalada antes de servir y sírvala sobre una hoja de lechuga.

99.Ensalada De Atún Y Garbanzos Con Pesto

INGREDIENTES:
- 2 latas (15,5 oz cada una) de garbanzos, picados en trozos grandes
- 1 frasco (12 oz) de pimientos rojos asados, escurridos y en rodajas finas
- 24 aceitunas negras, deshuesadas y picadas en trozos grandes
- 2 tallos de apio, en rodajas gruesas
- 3 latas (6 oz cada una) de atún, escurrido
- 5 cucharadas de pesto comprado en la tienda
- 1/2 cucharadita de sal kosher
- 1/4 cucharadita de pimienta negra

INSTRUCCIONES:
a) En un tazón grande, combine los garbanzos, los pimientos rojos, las aceitunas, el apio, el atún, el pesto, la sal y la pimienta negra.
b) Mezcle los ingredientes. ¡Eso es todo!

100. Ensalada De Atún Ziti

INGREDIENTES:
- 3/4 libra de ziti u otra pasta
- 1 lata de atún, escurrido y triturado
- Aceitunas verdes y negras, al gusto.
- 1 pimiento rojo, picado
- 4 cucharadas de aceite de oliva
- 1 cucharada de vinagre blanco
- 2 huevos duros, en cuartos
- 1 tomate grande, rebanado

INSTRUCCIONES:
a) Cocine la pasta, escurra y enfríe.
b) Mezcla el atún, las aceitunas y el pimiento rojo.
c) Incorpora la pasta y agrega aceite y vinagre.
d) Poner en una fuente con los huevos y el tomate.

CONCLUSIÓN

Al concluir nuestro sabroso viaje a través de "Las mejores ensaladas de atún", esperamos que haya experimentado el placer de transformar un plato simple en una obra maestra culinaria. Cada receta contenida en estas páginas es una celebración de la versatilidad, creatividad y delicia que se puede lograr con atún de alta calidad y un toque de imaginación culinaria.

Ya sea que haya saboreado las creaciones de inspiración mediterránea, se haya deleitado con los sabores del Lejano Oriente o haya aceptado las variaciones abundantes y repletas de proteínas, confiamos en que estas 100 recetas le hayan abierto los ojos al mundo de posibilidades dentro del ámbito de la ensalada de atún. . Más allá de los ingredientes y las técnicas, que el concepto de ensaladas de atún elevadas se convierta en una fuente de inspiración, haciendo de su cocina un centro de creaciones creativas y deliciosas.

Mientras continúa explorando el diverso mundo de la ensalada de atún, que "LAS ENSALADAS DE ATÚN DEFINITIVAS" sea su compañero de confianza, guiándolo a través de una variedad de opciones excepcionales que aportan emoción y sabor a su mesa. ¡Brindemos por redefinir el arte de la ensalada de atún y por disfrutar de 100 creaciones excepcionales que elevan sus gustos y experiencias culinarias!

www.ingramcontent.com/pod-product-compliance
Lightning Source LLC
Chambersburg PA
CBHW071854110526
44591CB00011B/1411